21 世纪高职高专规划教材·财经管理系列

服务礼仪

（第 2 版修订本）

唐树伶　王　炎　主　编
鄢向荣　任淑艳　副主编

清华大学出版社
北京交通大学出版社
·北京·

内 容 简 介

本书以服务人员在服务中所具备的仪容、仪态、服饰及用语礼仪等基本技能与最常见的主要服务行业、岗位类型礼仪规范为切入点设置项目主线，贯穿任务与完成任务所必需的知识。本书的特色主要在于：系统性、应用性、操作性、专业性、简洁性等。

本书没有说教式的长篇大论，而是从细节入手，具体、细致、实用地把服务礼仪规范的详细要求与操作技巧展现出来，突出了实践性教学的特点。既可作为高职高专院校、成人高等院校、二级学院市场营销专业、工商管理、旅游管理及相关专业的学生用书，还可作为各类服务行业有关人员的培训、自学用书，也可作为有关研究人士的参考读物。

本书封面贴有清华大学出版社防伪标签，无标签者不得销售。
版权所有，侵权必究。侵权举报电话：010-62782989　13501256678　13801310933

图书在版编目（CIP）数据

服务礼仪／唐树伶，王炎主编．—2版．—北京：清华大学出版社；北京交通大学出版社，2012.1（2020.3重印）
（21世纪高职高专规划教材·财经管理系列）
ISBN 978-7-5121-0887-5

Ⅰ．①服… Ⅱ．①唐… ②王… Ⅲ．①服务业-礼仪-高等职业教育-教材 Ⅳ．①F719

中国版本图书馆CIP数据核字（2012）第007313号

责任编辑：吴嫦娥
出版发行：北京交通大学出版社　　电话：010-51686414
　　　　　北京市海淀区高粱桥斜街44号　邮编：100044
印　刷　者：北京时代华都印刷有限公司
经　　销：全国新华书店
开　　本：185×230　印张：13　字数：325千字
版 印 次：2020年3月第2版第1次修订　2020年3月第9次印刷
定　　价：33.00元

本书如有质量问题，请向北京交通大学出版社质监组反映。对您的意见和批评，我们表示欢迎和感谢。
投诉电话：010-51686043，51686008；传真：010-62225406；E-mail：press@bjtu.edu.cn

出版说明

高职高专教育是我国高等教育的重要组成部分，它的根本任务是培养生产、建设、管理和服务第一线需要的德、智、体、美全面发展的高等技术应用型专门人才，所培养的学生在掌握必要的基础理论和专业知识的基础上，应重点掌握从事本专业领域实际工作的基本知识和职业技能，因而与其对应的教材也必须有自己的体系和特色。

为了适应我国高职高专教育发展及其对教学改革和教材建设的需要，在教育部的指导下，我们在全国范围内组织并成立了"21世纪高职高专教育教材研究与编审委员会"（以下简称"教材研究与编审委员会"）。"教材研究与编审委员会"的成员单位皆为教学改革成效较大、办学特色鲜明、办学实力强的高等专科学校、高等职业学校、成人高等学校及高等院校主办的二级职业技术学院，其中一些学校是国家重点建设的示范性职业技术学院。

为了保证规划教材的出版质量，"教材研究与编审委员会"在全国范围内选聘"21世纪高职高专规划教材编审委员会"（以下简称"教材编审委员会"）成员和征集教材，并要求"教材编审委员会"成员和规划教材的编著者必须是从事高职高专教学第一线的优秀教师或生产第一线的专家。"教材编审委员会"组织各专业的专家、教授对所征集的教材进行评选，对所列选教材进行审定。

目前，"教材研究与编审委员会"计划用2～3年的时间出版各类高职高专教材200种，范围覆盖计算机应用、电子电气、财会与管理、商务英语等专业的主要课程。此次规划教材全部按教育部制定的"高职高专教育基础课程教学基本要求"编写，其中部分教材是教育部《新世纪高职高专教育人才培养模式和教学内容体系改革与建设项目计划》的研究成果。此次规划教材按照突出应用性、实践性和针对性的原则编写并重组系列课程教材结构，力求反映高职高专课程和教学内容体系改革方向；反映当前教学的新内容，突出基础理论知识的应用和实践技能的培养；适应"实践的要求和岗位的需要"，不依照"学科"体系，即贴近岗位，淡化学科；在兼顾理论和实践内容的同时，避免"全"而"深"的面面俱到，基础理论以应用为目的，以必要、够用为度；尽量体现新知识、新技术、新工艺、新方法，以利于学生综合素质的形成和科学思维方式与创新能力的培养。

此外，为了使规划教材更具广泛性、科学性、先进性和代表性，我们希望全国从事高职高专教育的院校能够积极加入到"教材研究与编审委员会"中来，推荐"教材编审委员会"成员和有特色的、有创新的教材。同时，希望将教学实践中的意见与建议，及时反馈给我们，以便对已出版的教材不断修订、完善，不断提高教材质量，完善教材体系，为社会奉献更多更新的与高职高专教育配套的高质量教材。

此次所有规划教材由全国重点大学出版社——清华大学出版社与北京交通大学出版社联合出版，适合于各类高等专科学校、高等职业学校、成人高等学校及高等院校主办的二级职业技术学院使用。

21世纪高职高专教育教材研究与编审委员会
2012年2月

前　言

　　服务业作为第三产业的支柱产业之一，在现代经济的发展过程中越发显示出其重要性。服务作为人对人的活动，其核心是在服务关系中处于服务者角色的个人如何很好地履行自己的角色。本书所阐述的服务礼仪正是为了帮助服务人员理解服务角色的基本内涵，领悟服务礼仪的真谛，从而在服务性工作中牢固地树立起服务理念，提高自身的服务意识与服务水平，提升服务企业的服务品位，树立良好的服务形象。在教材编写过程中充分体现高职教育的培养目标，做到课程内容优化配置，体现对学生应用能力的培养，以适用于高职学生的教材为基础，在有限的课时内让学生学到更多的知识和接受相关技能的培养。

　　本书没有说教式的长篇大论，而是从细节入手，具体、实用地把服务礼仪规范的详细要求与操作技巧展现出来，突出了实践性教学的特点。编者具有多年的教学和实战经验，善于总结积累实践性教学的经验，书中增加了大量实践性训练的内容，使本书具有更强的可操作性。每个项目在结构体裁上设置为项目目标、子项目（新任务、知识点、指导书、评价表）、项目总结、综合实训等，项目内容穿插一些粘贴板和工具箱，目的在于增强内容的趣味性、生动性、实操性，便于读者对项目的理解和应用。

　　本书在第1版的基础上进行了大量的创新，突出的方面如下。

　　1. 项目目标分为知识目标和技能目标，理论要求和实践操作要求相统一，使培养目标更加明确，针对性更强。

　　2. 以服务人员在服务中所具备的仪容、仪态、服饰及用语礼仪等基本技能与主要服务行业、岗位类型礼仪规范为切入点设置项目主线，每个项目有针对本项目的总结。

　　3. 每个子项目以布置新任务开始，贯穿完成任务所必需的知识点，以相关课外知识、小案例及补充资料等形式出现的粘贴板和以实际工作中的一些操作技巧、方法指导等形式出现的工具箱穿插其间，结尾有方便学生自主学习的指导书和评价表。

　　4. 综合实训注重学生技能的训练，有训练目的、训练准备、训练步骤等环节，旨在培养学生的创新力和操作技能，从而提高学生适应工作岗位要求的综合能力。

　　此外，为方便广大教师教学的需要，本书配有电子课件，可以通过登录北京交通大学出版社网站下载，或发邮件至 cbswce@jg.bjtu.edu.cn 索取。本书既可作为高职高专院校、成人高等院校、二级学院市场营销、工商管理、旅游管理等专业的学生用书，还可以作为各类服务企业有关人员的培训、自学用书，亦可以作为有关研究人士的参考读物。

本书由唐树伶、王炎担任主编，鄢向荣、任淑艳担任副主编。编者具体分工为：鄢向荣编写项目1～2；王炎编写项目3～4；唐树伶编写项目5～6；任淑艳编写项目7。全书由唐树伶、王炎共同整体设计，并负责总纂、修改定稿。

本书在编写过程中，参考了许多专家学者的研究成果，在此谨向所有参考文献的编著者、各服务行业给予编写支持的专家表示衷心的感谢！由于编者水平有限，书中难免存在疏漏和不足之处，恳请专家和广大读者批评与指正。

编　者
2012 年 1 月

目 录

项目1 服务仪容礼仪 (1)
  ◇ 项目目标 (1)
  子项目1.1 面部修饰礼仪 (1)
    1.1.1 面部修饰的要求 (2)
    1.1.2 面部修饰的规范 (2)
    1.1.3 局部的修饰 (3)
  子项目1.2 肢体修饰礼仪 (8)
    1.2.1 手臂的修饰 (8)
    1.2.2 腿脚的修饰 (10)
  子项目1.3 发部修饰礼仪 (13)
    1.3.1 发部清洁 (13)
    1.3.2 发部的造型 (13)
    1.3.3 发部的美化 (15)
  子项目1.4 化妆修饰礼仪 (18)
    1.4.1 化妆的原则 (18)
    1.4.2 化妆的方法 (19)
    1.4.3 化妆技巧 (22)
    1.4.4 化妆的禁忌 (23)
  ◇ 项目总结 (26)
  ◇ 综合实训 (26)

项目2 服务仪态礼仪 (29)
  ◇ 项目目标 (29)
  子项目2.1 站姿礼仪 (29)
    2.1.1 标准站姿 (30)
    2.1.2 服务工作中的站姿 (30)
    2.1.3 不良站姿 (33)
  子项目2.2 行姿礼仪 (38)
    2.2.1 基本要求 (38)
    2.2.2 不良行姿 (41)
    2.2.3 服务工作中的行姿 (42)

子项目2.3　蹲、坐姿礼仪 ……………………………………………… (48)
　　　　2.3.1　蹲姿 …………………………………………………………… (48)
　　　　2.3.2　坐姿 …………………………………………………………… (50)
　　子项目2.4　手、臂势礼仪 ……………………………………………… (58)
　　　　2.4.1　基本原则 ……………………………………………………… (58)
　　　　2.4.2　常用手势 ……………………………………………………… (58)
　　　　2.4.3　不良手势 ……………………………………………………… (64)
　　子项目2.5　表情神态礼仪 ……………………………………………… (69)
　　　　2.5.1　基本原则 ……………………………………………………… (70)
　　　　2.5.2　重在面部 ……………………………………………………… (71)
　　◇ 项目总结 ………………………………………………………………… (79)
　　◇ 综合实训 ………………………………………………………………… (79)
项目3　服务服饰礼仪 ………………………………………………………… (81)
　　◇ 项目目标 ………………………………………………………………… (81)
　　子项目3.1　正装选择礼仪 ……………………………………………… (81)
　　　　3.1.1　基本要求 ……………………………………………………… (82)
　　　　3.1.2　西装的穿着规范 ……………………………………………… (84)
　　　　3.1.3　女士套裙的穿着规范 ………………………………………… (87)
　　子项目3.2　饰品选择礼仪 ……………………………………………… (94)
　　　　3.2.1　符合身份 ……………………………………………………… (94)
　　　　3.2.2　以少为佳 ……………………………………………………… (95)
　　　　3.2.3　区分品种 ……………………………………………………… (95)
　　　　3.2.4　协调得体 ……………………………………………………… (97)
　　子项目3.3　用品选择礼仪 ……………………………………………… (100)
　　　　3.3.1　工作性用品 …………………………………………………… (100)
　　　　3.3.2　形象性用品 …………………………………………………… (102)
　　◇ 项目总结 ………………………………………………………………… (107)
　　◇ 综合实训 ………………………………………………………………… (107)
项目4　服务用语礼仪 ………………………………………………………… (108)
　　◇ 项目目标 ………………………………………………………………… (108)
　　子项目4.1　常用礼貌用语 ……………………………………………… (108)
　　　　4.1.1　常用的礼貌用语 ……………………………………………… (109)
　　　　4.1.2　使用礼貌用语时注意的问题 ………………………………… (110)
　　子项目4.2　文明用语 …………………………………………………… (113)
　　　　4.2.1　称呼恰当 ……………………………………………………… (113)

    4.2.2 口齿清晰 ………………………………………………………… (114)
    4.2.3 用词文雅 ………………………………………………………… (115)
  子项目4.3 电话用语 …………………………………………………………… (120)
    4.3.1 通话前的准备 …………………………………………………… (120)
    4.3.2 通话开始的要求 ………………………………………………… (121)
    4.3.3 通话中的要求 …………………………………………………… (123)
    4.3.4 通话结束时的要求 ……………………………………………… (125)
    4.3.5 做好电话记录 …………………………………………………… (127)
  ◇ 项目总结 ……………………………………………………………………… (131)
  ◇ 综合实训 ……………………………………………………………………… (131)
项目5 商场、超市服务礼仪 ………………………………………………………… (133)
  ◇ 项目目标 ……………………………………………………………………… (133)
  子项目5.1 柜台服务礼仪 ……………………………………………………… (133)
    5.1.1 迎接顾客的礼仪 ………………………………………………… (133)
    5.1.2 接待顾客的礼仪 ………………………………………………… (135)
    5.1.3 告别顾客的礼仪 ………………………………………………… (141)
  子项目5.2 超市服务礼仪 ……………………………………………………… (143)
    5.2.1 超市理货员服务礼仪 …………………………………………… (143)
    5.2.2 超市收银员服务礼仪 …………………………………………… (145)
    5.2.3 超市保安人员服务礼仪 ………………………………………… (147)
  ◇ 项目总结 ……………………………………………………………………… (149)
  ◇ 综合实训 ……………………………………………………………………… (150)
项目6 酒店、餐饮服务礼仪 ………………………………………………………… (151)
  ◇ 项目目标 ……………………………………………………………………… (151)
  子项目6.1 酒店服务礼仪 ……………………………………………………… (151)
    6.1.1 前厅服务礼仪 …………………………………………………… (151)
    6.1.2 客房服务礼仪 …………………………………………………… (154)
    6.1.3 餐厅服务礼仪 …………………………………………………… (156)
  子项目6.2 快餐店服务礼仪 …………………………………………………… (163)
    6.2.1 店员仪表礼仪 …………………………………………………… (163)
    6.2.2 店员走动服务礼仪 ……………………………………………… (164)
    6.2.3 店员为顾客盛餐的礼仪 ………………………………………… (164)
    6.2.4 餐具卫生礼仪 …………………………………………………… (165)
    6.2.5 语言服务礼仪 …………………………………………………… (165)
    6.2.6 送餐服务礼仪 …………………………………………………… (166)

◇ 项目总结 …………………………………………………………………… (171)
◇ 综合实训 …………………………………………………………………… (171)

项目7 旅游、休闲服务礼仪 ……………………………………………………… (172)
◇ 项目目标 …………………………………………………………………… (172)
子项目7.1 导游服务礼仪 ……………………………………………………… (172)
 7.1.1 接团礼仪 …………………………………………………………… (172)
 7.1.2 迎接旅游团的礼仪 …………………………………………………… (173)
 7.1.3 住店服务礼仪 ………………………………………………………… (174)
 7.1.4 旅游讲解礼仪 ………………………………………………………… (175)
 7.1.5 旅途生活服务礼仪 …………………………………………………… (175)
 7.1.6 离站的服务礼仪 ……………………………………………………… (176)
子项目7.2 康乐休闲服务礼仪 ………………………………………………… (179)
 7.2.1 酒吧服务礼仪 ………………………………………………………… (180)
 7.2.2 美容美发店的服务礼仪 ……………………………………………… (182)
 7.2.3 桑拿浴服务礼仪 ……………………………………………………… (183)
 7.2.4 游泳池服务礼仪 ……………………………………………………… (184)
 7.2.5 保龄球馆服务礼仪 …………………………………………………… (186)
 7.2.6 高尔夫球服务礼仪 …………………………………………………… (187)
 7.2.7 健身房服务礼仪 ……………………………………………………… (189)
◇ 项目总结 …………………………………………………………………… (194)
◇ 综合实训 …………………………………………………………………… (194)

附录A 项目计划书（样式） ……………………………………………………… (195)
附录B 小组工作记录（样式） …………………………………………………… (197)
参考文献 …………………………………………………………………………… (198)

项目 1

服务仪容礼仪

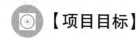【项目目标】

◇ **知识目标**

1. 熟悉服务人员仪容的具体规范要求;
2. 了解服务人员应具备的一般仪容修养知识;
3. 掌握服务仪容礼仪的运用。

◇ **技能目标**

1. 能够对眉、眼、鼻、耳部、口部等进行适当修饰;
2. 把握发型和肢体的修饰规范;
3. 能够根据工作岗位使用正确的化妆方法,并注意化妆禁忌。

子项目 1.1　面部修饰礼仪

◇ **新任务**　服务人员仪容化妆设计大赛。

1. 设计服务人员的仪容形象(男女各一款);
2. 制作设计仪容化妆 PPT;
3. 挑选仪容展示的模特,并进行化妆展示训练;
4. 参加化妆设计大赛,并对设计的作品进行展示。

◎ **知识点**

1.1.1 面部修饰的要求

1. 洁净

洁净即要求优先考虑个人面容清洁,面部的干净清爽,其标准是无灰尘,无污垢,无汗渍,无分泌物,无其他一切不洁之物。要做好这一点,必须养成平时勤于洗脸的良好习惯。依照一般常规,外出归来,午休完毕,流汗流泪,接触灰尘之后,服务人员均应自觉及时地洗脸。在洗脸时,要耐心细致,完全彻底,面面俱到。

2. 卫生

卫生就是要求在进行个人面部修饰时,要认真关注面容的个人卫生健康状况。面部的卫生,需要同时兼顾讲卫生与保持卫生两个方面。服务人员一旦出现明显的面部过敏症状,或是长出了痤疮、疖子,务必去医院求治,切勿任其发展或自行处理。诊疗期间,一般不宜直接与顾客进行正面接触,最好暂时休息或者暂时调岗。

3. 自然

自然是美化仪容的最高境界,它使人看起来真实而生动,不是一张呆板生硬的面具。失去自然的效果,那就是假,假的东西就无生命力和美了。服务人员在精心进行面部修饰时要注意保持清新自然而不过分做作。服务人员的面部修饰关键是要做到"秀于外"与"慧于中"。

1.1.2 面部修饰的规范

一个人的仪容,最主要的是包括五官在内的整个脸部,它是人的仪表之首,是人际交往中他人所注意的重点。美国有句谚语说:"当你同别人打交道时,他注意你的面部很正常。可是他要过多地去打量你身体的其他部位,那就有一些不正常了。"面部修饰的重点在眼部、口部、鼻部和耳部,通过修饰,应使之整洁、卫生、简约、端庄。

 粘贴板

据有关资料,20世纪80年代末,我国某大城市的一家大型商场,曾经通过摄像机对职员和顾客进行录像调查。统计结果发现,在同一时间内男性照镜子的人数竟然多于女性,只是大多数男子在照镜子时不像女性那样坦然,而是尽量避开别人的视线,表现出一定的隐蔽性。

资料来源:周朝霞. 人际关系与公共礼仪. 杭州:浙江大学出版社,2011.

1.1.3 局部的修饰

1. 眉部的修饰

（1）眉形的美观

大凡美观的眉形，不仅形态自然优美，而且还应又黑又浓，即常人所赞赏的"浓眉大眼"，对于那些不够美观的眉形，如残眉、断眉、竖眉、八字眉或过淡、过稀的眉毛，必要时应该采取措施进行适当的美化修饰。

（2）眉毛的梳理

服务人员应养成习惯，每天上班前梳理一下眉毛，令其眉清目秀。

（3）眉毛的整洁

在洗脸、化妆及其他可能的情况下，服务人员要特别留意一下自己的眉部是否整洁，以防止在眉部出现诸如灰尘、死皮或脱落的眉毛等异物。

2. 眼部的修饰

（1）眼部的保洁

人们常说"眼睛是心灵的窗户"，既然服务人员的眼部最为他人所注意，那么首先就应该重视它的保洁问题。在这方面最重要的是要及时除去眼角出现的分泌物。

（2）眼病的防治

眼部卫生还要特别注意眼病的预防和治疗。服务人员患有传染性的眼病，如"红眼病"、"沙眼"等，必须及时地治疗、休息，绝不可直接与顾客接触。

（3）眼镜的佩戴

一般来说，饭店的服务人员不宜佩戴眼镜，但其他服务行业人员如导游、管理人员等因矫正视力，追求时尚美，戴与不戴不需要作严格的要求。若工作时允许佩戴眼镜，应注意以下三点。第一，眼镜的选择。眼镜除了使用以外，还必须注意其质量是否精益，款式是否适合本人。第二，眼镜的清洁。一定要坚持每天擦拭眼镜以保持镜片的清洁，有必要还应定期对镜架进行清洗。第三，墨镜的戴法。墨镜即太阳镜，它主要适合室外活动时佩戴，以防紫外线伤害眼睛。若在室内工作时佩戴墨镜面对客人，则是对客人不恭敬的。

 **工具箱**

预防眼袋九大贴心建议

◆ 眼睛周围的皮肤极为薄弱，化妆或卸妆时，动作要轻柔，切忌用力拉扯皮肤。

◆ 画下眼线时以不拉动眼皮为原则，可以用干粉扑轻按在面上来稳定手的位置，这便不会画错位置了。

◆ 洗面时，用棉花抹洗眼睛周围的皮肤，比用粗糙的毛巾好。

◆ 佩戴隐形眼镜时，不要拉下眼皮，如果想方便地戴上镜片，可轻轻拉高上眼皮。

◆ 不要养成擦眼睛、眯眼睛、眨眼睛的坏习惯，阳光猛烈时要戴上太阳眼镜。

◆ 切忌减肥、节食，以致营养不良或体重突然下降的现象出现，因为脂肪量迅速改变会影响皮肤弹性。

◆ 每天要多喝清水，至少八杯，尤其是早上起床时，晚上则不适宜饮太多的水。

◆ 早、晚要涂眼霜，早上可用有紧肤效用的眼部 Gel，晚上则使用能补充水分的滋润性眼霜。

◆ 眼部卸妆应用专用的卸妆液。

资料来源：http：//www.84tom.com/pex/，2006-01-06.

3. 耳部、颈部修饰

（1）耳部的除垢

耳孔里的分泌物及落入的灰尘映入对方的视野会显得极为不雅观。因此，服务人员务必每天进行耳部除垢。但一定要注意，此举不宜在工作岗位上进行。

（2）耳毛的修剪

由于个人生理原因，有的人的耳孔周围会长出一些浓密的耳毛，服务人员若一旦发现自己有此类情况应及时进行修剪。

（3）颈部的修饰

颈部是人体最易显年龄的部位，因此在进行眼、嘴、鼻、耳修饰的同时，也要同修饰脸部一样修饰脖颈，保持颈部皮肤的清洁，并加强颈部的运动与营养按摩，会使颈部皮肤绷紧，光洁动人。颈部的营养按摩一般从20～25岁开始为宜，才能延缓衰老。

4. 鼻部的修饰

（1）鼻垢的清理

去除鼻垢时，宜在无人场合以手帕或纸巾辅助轻声进行，切不要将此举搞得响声大作，令人反感。不要当众擤鼻涕，挖鼻孔或者乱抹、乱弹鼻垢，同时要注意及时修剪鼻毛。

(2)"黑头"的清理

鼻部的周围，往往毛孔较为粗大。内分泌旺盛的人若清洁面部时对此不加注意，便会在此处积存油脂或污垢，即"黑头"。在清理这些有损个人形象的"黑头"时，一是平时对此处要认真进行清洗，二是可用专门的"鼻贴"将其处理掉，切忌乱挤乱抠，以免造成局部感染。

5. 口部修饰

(1) 刷牙

口部除了口腔之外，还包括它的周边地带。口部修饰首要之务是注意口腔卫生，刷牙既要采用正确的刷牙方式，更要贵在坚持。正确有效的刷牙要做到"三个三"：每天刷三次牙，每次刷牙宜在餐后三分钟进行，每次刷牙的时间不应少于三分钟。

(2) 洗牙

维护牙齿，除了做到无异物、无异味之外，还要注意保持洁白，并且及时去除有碍于口腔卫生和美观的牙石。最佳的办法就是定期去口腔医院洗牙，一般情况下，成人半年左右即应洗牙一次。

(3) 禁食

服务人员在工作岗位上，为防止因为饮食的原因而产生的口腔异味，应避免食用一些气味过于刺鼻的饮食，如葱、蒜、韭菜、腐乳、虾酱、烈酒及香烟。

(4) 护唇

服务人员平时应有意识地呵护自己的嘴唇，要想方设法不使自己的唇部干裂、爆皮或生疮。另外，还应避免嘴边嘴角残留食物。

(5) 剃须

男性服务人员应坚持每日上班之前剃须，这样既令自己显得精明强干，又充满阳刚之气。切忌胡子拉碴地在工作岗位上抛头露面。个别女服务员，若因内分泌失调而在唇上生出过于浓重有损于女性美观的汗毛，也应及时除去。

◇ 指导书

1. 提出项目任务

(1) 教师提出项目名称：服务人员仪容化妆设计大赛。

(2) 学生根据教师提出的项目任务进行讨论，最终确定具体的项目任务。

可以根据具体的课时及教学条件选择适合的项目任务。

2. 明确学习目标

学生根据具体的项目任务，与教师一起讨论本项目的学习目标：

① 能够掌握服务人员面部修饰规范；

② 能够掌握服务人员局部修饰规范；
③ 能够掌握局部修饰的技巧。

3. 相关知识学习

学生与教师一起讨论要完成项目任务所需的相关知识点。由学生对已学过的旧知识进行总结回顾，教师对学生尚未掌握的新知识进行讲授或对学习方法进行指导。

教师在相关知识学习的过程中应该成为学生选择学习内容的导航者。

4. 制订工作计划

建议本项目采用小组工作方式。由学生制订项目工作计划，确定工作步骤和程序，并最终得到教师的认可。

此步操作中，教师要指导学生填写项目计划书（项目计划书样式见书后附录 A）。

5. 实施工作计划

学生确定各自在小组中的分工及合作的形式，然后按照已确立的工作步骤和程序工作。

在实施工作计划的过程中，教师是学习过程的咨询者和参谋。教师应从讲台上走下来，成为学生的学习伙伴，解除不同特点的学生遇到的困难和疑惑并提出学习建议。

项目实施过程中，教师要指导学生填写小组工作记录（小组工作记录样式见书后附录 B）。

6. 成果检查评估

先由学生对自己的工作结果进行展示，再由教师对工作成果进行检查评分。师生共同对项目工作中出现的问题进行分析，找出解决问题的办法，为今后的项目学习打好基础。

◇ 评价标准与评价表

1. 评价标准

面部修饰操作规范

评价项目	操 作 标 准	基 本 要 求
洁肤	1. 将脸用温水打湿 2. 取适量洗面奶于手心，搓至起泡 3. 由下巴向额头，用手指轻轻地按摩清洗 1~2 分钟 4. 用清水清洗 5. 用纸巾或毛巾把多余的水分吸干	1. 手法自下而上"推"皮肤 2. 忌用毛巾在脸上无规则地乱搓
爽肤	1. 取一小块棉花，把紧肤水（或收缩水）倒在棉花上 2. 把棉花上的紧肤水擦于脸上 3. 用手轻拍脸颊	1. 手法自上而下 2. 最好使用无尘棉花
护肤	施上护肤霜	1. 清晨用日霜 2. 临睡用晚霜 3. 夏日户外活动可用防晒霜

续表

评价项目	操作标准	基本要求
特殊护理（家庭）	1. 深层清洁，使用磨砂洗面奶 2. 涂面膜 3. 撕洗面膜 4. 爽肤和护肤	1. 涂面膜手法由下而上 2. 撕洗面膜手法由上而下 3. 每周1～2次

面部基础化妆规范

评价项目	操作标准	基本要求
基面化妆	1. 涂化妆水，用棉球蘸取向脸面叩拍 2. 抹粉底霜，用手指或手掌在脸上点染晕抹 3. 上粉底，用手指或手掌在脸上点染晕抹，不宜过厚 4. 扑化妆粉，用粉扑自下而上扑均匀	
眼部化妆	1. 涂眼影。用棉花棒蘸眼影色在眼周、眼尾、上下眼皮、眼窝处点抹并扫开 2. 描眉。蓝灰色打底，棕色或黑色描出适合的眉形。直线型使脸显短，弯型使人显得温柔 3. 描眼线。用眼线笔沿眼睫毛底线描画	1. 眼要自然不着痕，颊宜轻匀 2. 内容可酌情舍弃或变动次序 3. 此操作仅适合简单快速淡妆或工作妆，用时为10分钟左右 4. 不在男士面前化妆
抹颊红	用颊红轻染轻扫两颊，以颧骨为中心向四周抹匀。长脸型横打胭脂，圆脸型和方脸型竖打胭脂	
画口红	1. 用唇笔描上下唇轮廓，起调整色泽、改变唇形的作用 2. 涂口红填满	
检查	1. 发际和眉毛是否沾上粉底霜 2. 双眉是否对称 3. 胭脂是否涂匀 4. 妆面是否平衡 5. 与穿着是否协调 6. 适当调整修改	

2. 评价表

评价项目	考核情况	分值	得分
洁面		20分	
基面化妆		20分	

续表

评价项目	考核情况	分值	得分
眼部化妆		20 分	
抹颊红		20 分	
画口红		20 分	
总 评			

子项目 1.2 肢体修饰礼仪

◇ **新任务** 设计并演示服务人员的肢体修饰规范。

1. 设计服务人员的手臂修饰规范（男女各一款）；
2. 制作设计肢体修饰的 PPT；
3. 挑选肢体展示的模特，并进行肢体展示训练。

◇ **知识点**

1.2.1 手臂的修饰

手臂即上肢，是工作中运用最为频繁的身体部位。在服务中，手臂通常被视为服务人员的"第二脸面"，在待人接物中，手作为仪容的一部分，充当着友谊的使者。一双保养良好、干净秀美的手臂，往往会给服务操作增添美感与协调。所以，服务人员对于自己在服务过程中自始至终处于显著位置的手臂，应悉心加以保养和修饰。

1. 手臂的保洁

手是常常露在服饰之外的，比较容易受到细菌和污垢的污染，许多传染性疾病的传播就是源于手的各种触摸活动，所以要注意手臂的保洁和清洗。清洗手臂，要真正保持无泥垢，无污痕，除了手部的烟迹必须根除之外，其他一切碍眼的痕迹，如手上所沾的墨水、印油、油渍等污垢，均应清洗干净。在工作岗位上，每一位服务人员都要谨记双手务必做到"八洗"：

① 上岗之前要洗手；
② 外出归来要洗手，使手臂无污痕、干干净净；
③ 弄脏之后要洗手；
④ 接触精密物品前要洗手；

⑤ 吃东西之前要洗手；
⑥ 规定洗手之前要洗手；
⑦ 上过卫生间后要洗手；
⑧ 下班之前要洗手。

与此同时，服务人员还要注意用手的卫生，在工作岗位上不可随意用手揉眼睛、掏耳孔、抠鼻孔、搔头发、剔牙、抓痒痒、脱鞋或是双手四处乱摸，抓捡地上的物品，这些都是极不卫生的行为。在一些特殊的工作岗位上服务时，为了卫生保洁起见，还必须戴上未用的手套。

2. 手臂的保养

由于服务人员在服务时用手较多，有些特殊的工作岗位甚至还会在一定程度上对手臂造成某种伤害，所以服务人员一定要高度重视保养自己的手臂：一是方法得当，不科学、不正确的方法，便容易生出意外；二是贵在坚持，这样才能真正形成良好的用手动作习惯以及拥有一双洁柔的手臂。

3. 手臂修饰

为了增添美感，对手部、手臂在注意清洁保养的同时需进行必要的修饰，服务人员在工作岗位上的修饰，应以朴素庄重为美，而不应艳丽、怪诞，否则就与自身特定的社会角色不相称。

（1）勤剪指甲

勤剪指甲是讲卫生的表现，服务人员的手指甲，通常不宜长过其指尖，因此要养成"三日一修剪，一日一检查"的良好习惯，并且还要做到坚持不懈，从卫生角度讲，留长指甲有弊无利，在修剪指甲时还应注意剪除指甲周围因手部接触肮脏之物后而形成的死皮。

（2）不在指甲上涂饰彩妆

无色和自然肉色指甲油，能增强指甲的光洁度和色泽感，可以适当涂抹一点，但若非美容沙龙的美容师或专业化妆品营销人员，一般服务人员不宜在手指甲上涂抹彩色指甲油，或者进行艺术美甲，色彩过于鲜亮（如橘红色、朱红等）或过于凝重（如黑色、灰色等）的指甲油对多数职业女性是不适宜的，也不宜在手背、胳膊上使用贴饰、刺字或者刻画文绣等。

（3）不外露腋毛

一般而言，服务人员大都不会以肩部暴露的服装作为工作装，若因工作特殊需要，必须穿着肩部外露的服装上岗服务时，上班前最好剃去腋毛，如让腋毛外露则极不雅观。另外，个别人手臂上往往长有较为浓密的汗毛，此种现象，不符合我国传统的审美标准，必要时应采取有效办法将其去除。

 **工具箱**

护理美丽玉手的小妙方

◆ 用醋或淘米水等洗手

双手接触洗洁精、皂液等碱性物质后，用食用醋水或柠檬水涂抹在手部，可去除残留在肌肤表面的碱性物质。此外，坚持用淘米水洗手，可收到意想不到的好效果。煮饭时将淘米水储存好，临睡前用淘米水浸泡双手10分钟左右，再用温水洗净、擦干，涂上护手霜即可。

◆ 用牛奶或酸奶护手

喝完牛奶或酸奶后，不要马上把装奶的瓶子洗掉，一定要记得对"废品"进行充分的利用。将瓶子里剩下的奶抹到手上，约15分钟后用温水洗净双手，这时你会发现双手嫩滑无比。

◆ 鸡蛋护手

用一只鸡蛋去蛋黄取蛋清，加入适量牛奶、蜂蜜调和均匀后敷在手上，15分钟左右洗净双手，再抹护手霜。每星期做一次对双手有去皱、美白的功效。

资料来源：瑞丽女性网，2006-01-13.

1.2.2 腿脚的修饰

在人际交往中，人们观察一个人常有"远看头，近看脚"的习惯，因此，在人际交往中除了要慎重地对待下肢服饰的选择与搭配外，还要注意下肢的保洁与适当修饰，避免"凤凰头，扫帚脚"的上下不相称的弊病。

1. 保持下肢的清洁

下肢的清洁，应特别注意三个方面。一是要勤洗脚。人的双脚不但易出汗，且易产生异味，必须坚持每天洗脚，而且对于趾甲、趾缝、脚跟、脚腕等处要面面俱到。二是要勤换鞋袜。一般要每天换洗一次袜子，才能避免脚臭，还要注意尽量不穿不透气、吸湿性差、易产生异味的袜子。三是要定期交替更换自己的鞋子，并且要勤清洗、勤晾晒。在穿鞋前，务必细心清洁鞋面、鞋跟、鞋底等处，使其一尘不染，定期擦油，使其锃亮光洁。

2. 腿脚的适度掩饰

为了体现自己的文明程度，对于下肢的有关部位要进行适度掩饰和修饰。

（1）不裸腿

男性光腿，往往会令他人对其"飞毛腿"产生反感，女性光腿有卖弄性感之嫌。因此，要尽量少光腿、穿超短裙和短裤。若因气候过于炎热或工作性质比较特殊而光腿，则必须注意选择长过膝盖的短裤或裙子。

（2）不赤脚

在比较正式的场合，不允许充当"赤脚大仙"，也不宜赤脚穿鞋，这不仅是为了美观，而且是一种礼貌。

（3）不露趾及不显跟

在比较正式的场合，不能穿凉鞋和拖鞋，因为袜子露趾、显跟会显得过于散漫，令客人反感。

（4）勤剪脚趾甲并慎用彩妆

注意腿与脚的皮肤保养。夏天若穿裙子或短裤使双腿外露时，女士最好将腿毛去除或穿上深色而不透明的袜子。

 **工具箱**

锻炼小腿肌肉五法

小腿的形态、功能与小腿后侧的肌肉有很重要的关系，因此要改变小腿的形态和有效地提高功能，主要的是要使小腿肌肉得到锻炼，在锻炼的方法上可采取：

① 足跟离地的足尖走；
② 足跟不着地的跳绳；
③ 在沙坑内做连续向上的弹跳；
④ 肩部负重的足尖走；
⑤ 肩部负重的原地弹跳。

在锻炼中要逐渐增加密度、强度，每次锻炼要感到疲劳。只要持之以恒，不仅可以跑得快，跳得高，同时可使小腿具有健美形态。

资料来源：崴达健康，2003-10-30.

◇ 指导书

1. 提出项目任务

（1）教师提出项目名称：设计并演示服务人员的肢体修饰规范。

（2）学生根据教师提出的项目任务进行讨论，最终确定具体的项目任务。

可以根据具体的课时及教学条件选择适合的项目任务。

2. 明确学习目标

学生根据具体的项目任务，与教师一起讨论本项目的学习目标：

① 能够掌握服务人员手臂修饰规范；
② 能够掌握服务人员腿脚修饰规范；
③ 能够掌握服务人员肢体修饰技巧。

3. 相关知识学习

学生与教师一起讨论要完成项目任务所需的相关知识点。由学生对已学过的旧知识进行总结回顾，教师对学生尚未掌握的新知识进行讲授或对学习方法进行指导。

教师在相关知识学习的过程中应该成为学生选择学习内容的导航者。

4. 制订工作计划

建议本项目采用小组工作方式。由学生制订项目工作计划，确定工作步骤和程序，并最终得到教师的认可。

此步操作中，教师要指导学生填写项目计划书（项目计划书样式见书后附录 A）。

5. 实施工作计划

学生确定各自在小组中的分工以及合作的形式，然后按照已确立的工作步骤和程序工作。

在实施工作计划的过程中，教师是学习过程的咨询者和参谋。教师应从讲台上走下来，成为学生的学习伙伴，解除不同特点的学生遇到的困难和疑惑并提出学习建议。

项目实施过程中，教师要指导学生填写小组工作记录（小组工作记录样式见书后附录 B）。

6. 成果检查评估

先由学生对自己的工作结果进行展示，再由教师对工作成果进行检查评分。师生共同对项目工作中出现的问题进行分析，找出解决问题的办法，为今后的项目学习打好基础。

◇ **评价标准与评价表**

评价项目		评价标准	分值	得分
内容	科学规范	内容全面、科学严谨，重点突出，主次分明，规范合理	20 分	
	内容编排	内容编排逻辑合理，符合认知规律	20 分	
设计	素材质量	图片、视频清晰，音效质量高，动画生动准确，符合要求	20 分	
	界面设计	界面设计简洁、美观，布局合理，风格统一，色彩协调，重点突出，搭配得当	20 分	
	信息呈现	能将内容全面、准确地反映出来，能够激发观看者的兴趣	20 分	
总体评价				

子项目1.3 发部修饰礼仪

◇ **新任务** 设计并演示服务人员的发型（男、女各一款）。

1. 设计服务人员的发型（男女各一款）；
2. 制作设计发型的PPT；
3. 挑选发型展示的模特，并进行发型展示训练；
4. 参加发型设计大赛，并对设计的作品进行展示。

◇ **知识点**

1.3.1 发部清洁

要保持头发的整洁，一要勤于清洗，每周至少清洗头发两三次。二要勤于修剪，在正常情况下，服务人员通常应当每半个月左右修剪一次头发，至少也要保持每月修剪一次。三要勤于梳理。应注意在下述情况下自觉梳理头发：一是出门上班前，二是换装上岗前，三是摘下帽子时，四是下班回家时。梳发时还应注意：梳头不宜当众进行，应避开外人；梳头不宜直接用手，最好随身携带一把梳子；梳理的断发和头屑不可随手乱扔和乱拍洒。

1.3.2 发部的造型

发部造型即头发经过一定修饰之后所呈现出来的形状，发型在一定程度上是时代的留影，也历来是人们审美趣味的中心，它既是保护美化头部的能动因素，又是修饰面部审美格调的"重彩"，选择发型总的原则是男性应讲究阳刚之美，女性则崇尚阴柔之美。对服务人员而言，在选择发型时必须考虑的因素，首先是自己的职业，即应以工作为重，做到发型和工作性质相称。

1. 男女有别，适中为度

对服务人员总的要求是：长度适中，以短为主。

（1）男性服务人员

其头发不能过长，前发不覆额，侧发不掩双耳，后发不及衣领，不留大鬓角，也不能剃光头，人们不喜欢的就是那种不男不女的"二混头"，绝不允许为追求时尚在工作时留长发或梳起发辫。

（2）女性服务人员

头发不宜长于肩部，不宜挡住眼睛，长发过肩者最好采取一定的措施，在上岗之前，将长发盘起，束起来或编起来，或是置于工作帽之内，不可披头散发。总之，女性服务人员在平时有意识地留短发方为明智之举，这样做既方便梳理，符合时尚，又会给人以精明伶俐之感。

2. 发型选择应与自己的脸型相协调

发型与脸型关系特别密切，人的脸型有长、方、圆、尖、凹、鼓、凸等，发型的好坏，关键在于对人的脸型是否合适，如鹅蛋脸更适合采用中分头路、左右均衡的发型，可增强端庄的美感。圆脸型应避免后掠式或齐耳的内卷式，可采用轻柔的大波浪，将头发分层削剪，使两颊旁的头发贴紧，使之盖住脸颊，或将头前部和顶部的头发吹立，给人以蓬松感。方脸型人要尽量用发型缩小脸部的宽度，颊两侧的头发要尽量垂直，以产生紧凑伏贴感，使头部形态显得清秀一些。长方脸型额头较高的，可把头发梳平些，刘海稍长，齐眉或将眉盖住，以减短脸型的长度。菱形脸可用蓬松的刘海儿遮盖额部，使额角显宽一些，两颊宜甲垂直发，腮两侧尽量用大波卷使尖削的下巴柔和些。心形脸不宜留短发，前顶部的头发不宜吹高，要让头发紧贴头顶和太阳穴部位，以减小额角的宽度。下宽上窄脸头前部的头发应向左、右两侧展开，以表现额部的宽度。总之，选择发型，应根据自己的特点，扬长避短显美藏拙，而不要生搬硬套。

3. 慎选发型，风格庄重

不同的职业及不同身份的人，应有不同的发型。作为一名学生，发型要活泼大方，以显出青年人的朝气与活力；服务人员在选择发型时，应注意有意识地使之体现适合服务工作性质的庄重、端庄的整体风格，以赢得顾客的信任。若非从事发型设计，艺术类或时尚类工作，服务人员通常不宜使自己的发型过分时髦。尤其是不要为了标新立异而有意选择新潮前卫的发型。

 <u>工具箱</u>

护发小技巧

头发养护的目的在于维护头发的健康，同时克服头皮屑或掉发等。头发护理的基本方法主要包括以下几个方面。

1. 洗发

头发的清洁是发质健康的基础，而正确的洗涤方法是养护头发的重要因素。

◆ 干性发皮脂分泌量少，洗发周期可略长，一般7～10天洗一次；油性发皮脂分泌多，洗发周期可略短些，一般3～5天洗一次。

> ◆ 中性发皮脂分泌量适中，一般5～7天洗一次。
> ◆ 干性发选择温和营养性的洗发护发用品，油性发选择去污力略强的洗发用品。
> 正确的洗涤方法对头发的养护同样起着重要作用，主要包括以下几个步骤：刷头发，用清水洗头发，用洗发液洗头发，使用护发素，用干毛巾吸干头发上的水分。
> **2. 护理发丝**
> ◆ 干性发和受损发每周焗油1次，补充毛发的油分和水分。每日按摩头部10～15分钟，促进血液循环，供给表皮营养，促进皮脂腺、汗腺的分泌。
> ◆ 洗发后用少量橄榄油。中性发10～15天上油一次，每周做3～4次头部按摩，每次10～15分钟洗发后用少量护发乳。
>
> 资料来源：莞邑人家.http：//www.ratsky.com/2004-08-20。

1.3.3 发部的美化

美发通常包括护发、烫发、染发和佩戴假发、发饰、帽子等，不论采用哪种方法，都要注意美观大方，自然得体。

（1）护发

要正确地护发，一是要长期坚持，二是要选择好的护发用品，三是要采用正确的护发方法。

（2）染发

中国人历来以黑发为美，倘若自己的头发不够油黑，特别是早生白发或长有杂色的头发，将其染黑通常是必要的；但若是为了追求时尚，有意将黑发染成其他颜色，甚至将其染得五彩斑斓，则是不适合服务人员的，户外导游人员也不例外。

（3）烫发

选择具体发型时，切记不要将头发烫得过于繁乱、华丽、美艳，以免在顾客面前造成"喧宾夺主"的不良影响。

（4）假发

只有在头发出现掉发、秃发之时，才适于佩戴假发，以弥补自己的缺陷。服务人员若为了妆饰佩戴假发，通常是不提倡的。

（5）帽子

在人际交往中，有"脱帽为礼"的讲究，室内服务人员在上班时若戴着时装帽去接待顾客是不妥的。服务人员在工作中所允许戴的工作帽，主要有四类：一是为了美观，二是为了防晒，三是为了卫生，四是为了安全。在戴后两种工作帽时，一般要求不应外露头发。户外导游人员戴帽子可根据具体情况需要而放宽。

（6）发饰

女性服务人员在工作中以不戴或少戴发饰为宜，即使允许戴发饰，也仅仅是为了用以"管束"头发之用，而不是意在过分打扮。

 工具箱

头发光亮的四个方法

◆ 茶水冲洗——洗过头发后，再用茶水冲洗，可去垢涤腻，使头发乌黑柔软，光泽美丽。

◆ 发油水浸洗——头发洗净后，再用一些发油加入清水中（只要平时所搽发油的1/3），然后将头发浸入，并左右上下晃动几下后，用干毛巾吸去水分。这样，头发干后，就会光亮、润滑。

◆ 啤酒护发——用啤酒涂搽头发，不仅可以保护头发，而且还能促进头发生长。在使用时，先把头发洗净、擦干，用1瓶啤酒的1/8均匀地涂搽在头发上，接着用手按摩，使啤酒渗透到头发根部。15分钟后，用清水洗干净，并用木梳把头发梳理一下，啤酒的花沫会像油膏一样留在头发上，不仅使头发光亮，而且能防止头发干枯脱落。

◆ 醋蛋护发——在洗发液中加入少量蛋白，调匀洗头，并轻轻按摩头皮。洗净后，用蛋黄调入少量醋，使其充分混合，顺发丝慢慢涂抹，用毛巾包1小时，再用清水冲洗干净，头发乌黑发亮。此法最适宜干性和发质较硬的头发。

资料来源：bbs.shiandci.net/cgi-bin/lb5000，2006-01-15.

◇ 指导书

1. 提出项目任务

（1）教师提出项目名称：设计并演示服务人员的发型。

（2）学生根据教师提出的项目任务进行讨论，最终确定具体的项目任务。

可以根据具体的课时及教学条件选择适合的项目任务。

2. 明确学习目标

学生根据具体的项目任务，与教师一起讨论本项目的学习目标：

① 熟练掌握服务人员发部清洁的方法；

② 熟练掌握服务人员发部造型技巧；

③ 熟练掌握服务人员发部美化的技巧。

3. 相关知识学习

学生与教师一起讨论要完成项目任务所需的相关知识点。由学生对已学过的旧知识进行总结回顾，教师对学生尚未掌握的新知识进行讲授或对学习方法进行指导。

教师在相关知识学习的过程中应该成为学生选择学习内容的导航者。

4. 制订工作计划

建议本项目采用小组工作方式。由学生制订项目工作计划，确定工作步骤和程序，并最终得到教师的认可。

此步操作中，教师要指导学生填写项目计划书（项目计划书样式见书后附录 A）。

5. 实施工作计划

学生确定各自在小组中的分工以及合作的形式，然后按照已确立的工作步骤和程序工作。

在实施工作计划的过程中，教师是学习过程的咨询者和参谋。教师应从讲台上走下来，成为学生的学习伙伴，解除不同特点的学生遇到的困难和疑惑并提出学习建议。

项目实施过程中，教师要指导学生填写小组工作记录（小组工作记录样式见书后附录 B）。

6. 成果检查评估

先由学生对自己的工作结果进行展示，再由教师对工作成果进行检查评分。师生共同对项目工作中出现的问题进行分析，找出解决问题的办法，为今后的项目学习打好基础。

◇ 评价标准与评价表

评价项目	评价标准	分值	得分
发部清洁	发部清爽整洁	30分	
发型选择	1. 长度适中，以短为主 2. 发型选择应与自己的脸型相协调 3. 风格庄重	40分	
发部美化	美观大方，自然得体	30分	
总体评价			

子项目1.4　化妆修饰礼仪

◇ **新任务**　服务人员工作妆大赛。

1. 设计服务人员的工作妆（男女各一款）；
2. 制作设计工作妆形象的PPT；
3. 挑选工作妆展示的模特，并进行工作妆展示训练；
4. 参加工作妆设计大赛，并对设计的工作妆进行展示。

◇ **知识点**

1.4.1　化妆的原则

服务人员的化妆，从本质上讲是一种工作妆，与一般人平时所化的生活妆有着不同的要求。

（1）淡雅

服务人员在工作时，一般只化淡妆，即自然妆。重要的是要自然大方、朴实无华、素净雅致，化妆之后没有明显的痕迹，这样才与自己特定的身份相称，才会被顾客认可。

（2）简洁

工作妆应以简单明了为本。一般情况下，服务人员化妆修饰的重点，主要是嘴唇、面颊和眼部，其他部位可以不予考虑。

（3）适度

服务人员应根据具体的工作性质，来决定化不化妆和如何化妆。例如，在某些对气味有特殊要求的餐饮工作岗位上，服务人员通常不宜采用芳香的化妆品，如香水、香粉、香蜡等。

（4）协调

化妆各部位要整体、协调，强调整体效果，如唇彩和甲彩呼应，颜色一致，唇彩和衬衫或主色调相同。

（5）避短

服务人员在化妆时美化自身形象，既要扬长，即适当地展示自己的优点，更要避短，即巧妙地掩饰自己所短，并适度矫正和弥补面部自然特征的某些不足，工作妆重在避短，而不在于扬长，因为过分强调扬长，则有自我炫耀之嫌，易引起顾客反感。

（6）庄重

服务人员要注意在化妆时对本人进行正确的角色定位，社会各界所希望看到的服务人员的化妆应以庄重为主要特征。服务人员若在上班时采用一些社会上正在流行的化妆方式，如金粉、日晒妆、印花妆、舞台妆、宴会妆等，则会使人觉得轻浮随便，不务正业。

工具箱

遮瑕方法

遮瑕可以解决斑点、粉刺留下的瘢痕和恼人的黑眼圈等问题，使脸部的整体效果达到比较完美的统一。遮瑕笔的使用步骤如下。

（1）选择与肤色相近或稍亮一些颜色的遮瑕笔。

（2）可用遮瑕笔直接点于皮肤上，也可用小刷子或无名指取出点于皮肤上。

（3）然后用无名指把遮瑕膏轻轻晕开，尽量把它的边缘与周围皮肤的连接处涂匀。

资料来源：www.teamayu.cn/bbs/archiver/?tid-20296.html，2006-01-16。

1.4.2 化妆的方法

1. 施妆用品

（1）化妆用品

化妆用品包括基本化妆品、各部位化妆品和清洁卸妆品。基本化妆品是用于面部表层的肌肤调理、打底化妆，为进一步化妆做好准备的化妆品，包括化妆水、粉底、定妆粉等。各部位化妆品是用于五官、手等各个局部，使其造型、大小、比例、色泽等分别得到改善、渲染和美化的化妆品，包括唇膏、唇线笔、眼影、眼线笔（块、液）、睫毛膏、眉笔、胭脂等。清洁卸妆品用于面部残妆的溶解和污垢的清除，并能形成一层薄膜，保护面部皮肤的化妆品，如卸妆油、清洁霜等。

（2）化妆用具

包括毛刷（粉刷、胭脂刷、眉毛刷、唇刷等）、眉毛镊子、睫毛夹、睫毛卷曲器、粉扑、镜子、面巾纸、棉花球（棉签）等。

2. 妆前准备

基本程序：束发→洁肤→护肤→修眉。

（1）束发

用宽发带、毛巾等将头发束起来或包起来，最好在肩上披上块围巾，防止化妆时弄脏头发和衣服，也可避免散发妨碍化妆。这样会使脸部轮廓更加清晰明净，以便有针对性地化妆。

（2）洁肤

用清洁霜、洗面奶或洗面皂清洁面部的污垢及油脂，有条件的还可以用洁肤水清除枯死细胞皮屑，然后结合按摩涂上有营养的化妆水。

（3）护肤

选择膏霜类，如日霜、晚霜、润肤霜、乳液等涂在脸上，令肌肤柔滑，并可防止化妆品与皮肤直接接触，起到保护皮肤的作用。

（4）修眉

用眉钳、小剪修整眉形并拔除多余的眉毛，使之更加清秀。

3. 施妆过程

（1）施粉底

选择与肤色较接近的粉底，用海绵块或手指从鼻子内侧向外均匀涂抹，尤其不要忽视细小部位，在头与脖子衔接处要渐淡下去，粉底不要太厚，以免像戴上一个面具。粉底抹完后要达到调整肤色、掩盖瑕疵，使皮肤细腻光洁的目的。

（2）画眉毛

首先用眉刷自下而上将眉毛梳理整齐，然后用眉笔顺眉毛生长方向一道道描画，眉毛从眉头起至2/3处为眉峰，描至眉峰处应以自然弧度描至眉尾，眉尾处渐淡。最后用眉刷顺眉毛生长方向刷几遍，使眉道自然圆滑。

（3）画眼影

眼影用什么颜色，用多少种颜色，如何画，因人因事而异。一般深色眼影刷在最贴近上睫毛处，中间色刷在稍高处向眼尾处晕染，浅色刷在眉骨下。

（4）画眼线

眼线要贴着睫毛根画，浓妆时可稍宽一些，淡妆时可稍细一些。上眼线内眼角方向应淡而细，外眼角方向则应加重，至外眼角时要向上挑一点，把眼角向上提，显得眼角上翘。

（5）刷睫毛

先将睫毛用睫毛夹子夹着由内向外翻卷，然后用睫毛刷从睫毛根到睫毛尖刷上睫毛液。为了使睫毛显得长些、浓些，可在睫毛液干后再刷第二遍、第三遍，最后再用眉刷上的小梳子将粘在一起的睫毛梳开。

（6）抹腮红

腮红应抹在微笑时面部形成的最高点，然后向耳朵上缘方向抹一条，将边缘晕开。可用腮红和阴影粉做脸型的矫正。如在宽鼻梁正中抹上白色，使鼻子立体感增强。

（7）定妆

用粉扑蘸上干粉轻轻地、均匀地扑到妆面上，只需薄薄一层，以起到定妆作用，使妆面柔和、吸收粉底过多的光泽。扑好粉后，用大粉刷将妆面上的浮粉扫掉。

（8）画唇彩

先用唇线笔画好唇廓，再用唇膏涂在唇廓内，可用唇刷涂，也可用棒式唇膏直接涂。唇彩的颜色应与服装及妆面相协调。为了使唇彩持久，可用纸巾轻抿一下唇，然后扑上透明粉饼，再抹一次唇膏。

4. 妆后检查

（1）检查左右是否对称

眼、眉、腮、唇、鼻侧等，两边形状长短、大小、弧度是否对称，色彩浓淡是否一致。

（2）检查过渡是否自然

脸与脖子、鼻梁与鼻侧、腮红与脸色、眼影、阴影层次等过渡是否自然。

（3）检查整体与局部是否协调

检查局部是否缺漏、碰坏，要符合整体要求，浓淡是否达到应有效果，整个妆面是否协调统一。

（4）检查整体是否完美

化妆要忌"手镜效果"，即把镜子贴近脸部检查。虽然这样会看清楚细小的部分，但一般人只是在1米之外的距离与你面谈或打招呼，所以要在镜前50厘米处审视自己，对脸部整体的平衡作出正确的判断。

 **工具箱**

化妆小技巧

◆ **贴肤的粉底**——紧贴肌肤的粉底可使出色的彩妆更完美。只要先把微湿的化妆海绵放到冰箱里，几分钟后把冰凉的海绵拍在抹好粉底的肌肤上，彩妆会显得格外新鲜。

◆ **管用的眉粉**——用眉笔在手臂上涂上颜色，再用眉刷均匀地扫在眉毛上，你会惊喜地得到更为自然柔和的化妆效果，这就是用眉刷扫刷的捷径。

◆ **细致的眼线**——细致眼线感到困难的话，只要将手肘放在固定的地方，让双眼朝下望着镜子，就可放心描画了。

◆ **白色眼线笔**——眼睛是心灵之窗，大而明亮的双眸往往给人留下深刻的印象，你可以尝试用白色眼线笔来描画下眼线，使一双眼睛显得更大、更有神。

◆ **喷雾保湿水**——化妆完毕时，从离开面部一手臂的距离往脸上喷上保湿水，容妆可以更加持久。

资料来源：张远桃. http：//www.100md.com，2001-08-16。

1.4.3 化妆技巧

1. 不同脸型的施妆

（1）鹅蛋脸（椭圆脸型）

这是一种标准的脸型，施妆无须有所掩饰，胭脂敷在颊骨最高处，再向后、向上晕开。

（2）圆脸型

面颊部较宽，施妆适宜在面颊两侧加纵长影色，打纵长颊红（腮红）。面部正中加亮色，眉梢上升，眼影纵长，使面颊在视觉上显小和清秀。

（3）方脸型

施妆力求柔和感，胭脂从眼部平行涂下，眉梢尖微弯，不能有直角，腮部加影色使之显小。

2. 不同眼型的施妆

（1）大眼睛

可以不描眼线，只薄染眼影即可。

（2）小眼睛

在眼睛周围施抹浅淡颜色的眼影，描绘眼线的长度应超过眼尾，稍粗浓，并在外眼角处略上翘。

（3）肉泡眼（肿眼泡）

选择深色眼影，上眼皮眼线画得略粗些、长些，下眼皮眼线从眼角轻轻描入，以水平形态向眼尾渐宽匀开。

（4）细长眼睛

眼线中央部位画粗浓些，从视觉效果上产生眼周线缩短的感觉，眉描得直些，以冲淡细长眼睛之感。

3. 不同唇型的施妆

（1）标准唇型

施妆只需着色润泽即可。

（2）薄小唇型

抹粉底隐去原唇廓，画比原唇型大些的轮廓线。

（3）厚大唇型

抹暗色粉底，隐去原有唇廓，用唇线笔画比原唇型小些的轮廓线，涂唇膏时靠内侧浓，靠外侧略淡。

 **粘贴板**

皮肤到底是什么？

皮肤是人体最大的一个器官，覆盖着全身。它保护我们的内在器官免受外界的侵扰，当然它也担负着我们与外界联系的桥梁作用。皮肤的总面积一般为1.7平方米，重3千克。皮肤有两个主要部分。

真皮层，存在于皮肤深层。一般厚度为1～2毫米。它不仅通过血管为表皮层提供充分的营养，它还通过神经系统感触着外面的世界。真皮内存在着胶原蛋白及弹性蛋白，令肌肤饱满且富有弹性。

表皮层，即存在于肌肤最表面且不断更新的部分。它反映了我们肌肤的情况。其平均厚度为0.2毫米。它的主要任务就是通过30层的角质细胞将皮肤与外部环境严密隔离；同时还起着水分屏障的作用，防止内部水分的流失。

资料来源：http：//www.100md.com，2005-03-21.

1.4.4 化妆的禁忌

（1）离奇出众

服务人员在化妆时不能有意脱离自己的角色定位，而专门追求所谓的荒诞、怪异、神秘的妆容，或者是有意使自己的化妆出格，以另类风格出现。

（2）技法用错

在化妆时，若技法出现明显的差错，将会暴露出自己在美容素质方面的不足，从而贻笑大方。因此，服务人员若不熟悉化妆之道，宁可不化妆也不要贸然化妆。

（3）残妆示人

残妆，是指由于出汗之后、休息之后或用餐之后妆容出现了残缺，长时间的脸部残妆会给人懒散、邋遢之感，所以在上班时，工作人员要注意坚持化妆，而且要注意及时地进行检查和补妆。

（4）岗位上化妆

服务人员工作妆一般应在上岗之前完成，不允许在工作岗位上进行。否则显得工作三心二意，对顾客不尊重。

（5）指教他人

除美容工作人员外，其他服务人员一般不应在自己工作时，对自己顾客的化妆关注过多，尤其不要对客人的化妆私下议论、说三道四，而且也不应当冒冒失失地打听对方所使用的化妆品的品牌、价格及化妆的具体方法等。

◇ **指导书**

1. 提出项目任务

（1）教师提出项目名称：服务人员工作妆大赛。
（2）学生根据教师提出的项目任务进行讨论，最终确定具体的项目任务。
可以根据具体的课时及教学条件选择适合的项目任务。

2. 明确学习目标

学生根据具体的项目任务，与教师一起讨论本项目的学习目标：
① 能够掌握正确的服务人员化妆方法；
② 能够掌握服务人员的化妆技巧。

3. 相关知识学习

学生与教师一起讨论要完成项目任务所需的相关知识点。由学生对已学过的旧知识进行总结回顾，教师对学生尚未掌握的新知识进行讲授或对学习方法进行指导。
教师在相关知识学习的过程中应该成为学生选择学习内容的导航者。

4. 制订工作计划

建议本项目采用小组工作方式。由学生制订项目工作计划，确定工作步骤和程序，并最终得到教师的认可。
此步操作中，教师要指导学生填写项目计划书（项目计划书样式见书后附录 A）。

5. 实施工作计划

学生确定各自在小组中的分工以及合作的形式，然后按照已确立的工作步骤和程序工作。
在实施工作计划的过程中，教师是学习过程中的咨询者和参谋。教师应从讲台上走下来，成为学生的学习伙伴，解除不同特点的学生遇到的困难和疑惑并提出学习建议。
项目实施过程中，教师要指导学生填写小组工作记录（小组工作记录样式见书后附录 B）。

6. 成果检查评估

先由学生对自己的工作结果进行展示，再由教师对工作成果进行检查评分。师生共同对项目工作中出现的问题进行分析，找出解决问题的办法，为今后的项目学习打好基础。

◇ 评价标准与评价表

1. 评价标准

步骤	目 的	操 作 要 点	注 意 事 项
打粉底	调整面部肤色，使之柔和美化	1. 选择粉底霜 2. 用海绵取适量粉底涂抹细致、均匀	1. 粉底霜与肤色反差不宜过大 2. 切记在脖颈部打上粉底，以免面部与颈部"泾渭分明"
画眼线	使眼睛生动有神，并且更富有光泽	1. 笔法先粗后细，由浓而淡 2. 上眼线从内眼角向外眼角画 3. 下眼线从外眼角向内眼角画	1. 一气呵成，生动而不呆板 2. 上下眼线不可在外眼角处交会
施眼影	强化面部立体感，使双眼明亮传神	1. 选择对个人肤色适中的眼影 2. 由浅而深，施出眼影的层次感	1. 眼影色彩不宜过分鲜艳 2. 工作妆应选用浅咖啡色眼影
描眉形	突出或改善个人眉形，以烘托容貌	1. 修眉，拔除杂乱无序的眉毛 2. 对逐根眉毛进行修饰	1. 使眉形具有立体感 2. 注意两头淡、中间浓，上边浅、下边深
上腮红	使面颊更加红润，轮廓更加优美，显示健康活力	1. 选择适宜腮红 2. 延展晕染腮红 3. 扑粉定妆	1. 使腮红与唇膏或眼影属于同一色系 2. 注意腮红与面颊肤色过渡自然
涂唇彩	改变不理想唇形，使双唇更加娇媚	1. 以唇线笔描好唇线 2. 涂好唇膏 3. 用纸巾吸去多余的唇膏	1. 先描上唇，后描下唇，从左右两侧沿唇部轮廓向中间画 2. 描完后检查一下牙齿上有无唇膏的痕迹
喷香水	掩盖不雅体味，使之清新怡人	1. 选择适宜的香水类型 2. 喷涂于腕部、耳后、颌下、膝后等适当之处	1. 香水切勿使用过量 2. 香水类型应气味淡雅清新

2. 评价表

评价项目	评 价	分值	得分
打粉底		15	
画眼线		15	
施眼影		15	
描眉形		15	
上腮红		15	
涂唇彩		15	
喷香水		10	
总体评价			

【项目总结】

本项目的主要内容有：
(1) 服务人员保养面部皮肤的正确方法；
(2) 服务人员肢体修饰的方法和主要事项；
(3) 服务人员发型的保养和设计；
(4) 服务人员工作妆的设计和具体规范。

通过本项目学习，重点了解服务人员在仪容方面的礼仪知识，它是服务人员在工作中最基本最重要的礼仪之一；仪容主要是指人的容貌，服务人员通过对自身面部、头发、肢体等部位进行保养、修饰，为塑造良好的个人形象和企业形象打下良好的基础。

【综合实训】

1. 发型设计

(1) 头发要经常保持每隔3～5天清洁一次，不可过于频繁。

(2) 发型设计要朴实大方。男性不留长发，不留大鬓角，不蓄小胡子；女性不梳披肩发，以短发为宜，还要注意避免选用色彩鲜艳的发饰，不漂染及挑染有色头发。

(3) 选择适合自己脸型的发型。标准的脸型是鹅蛋形，普通人脸型各异，可用发型衬补。

各种脸型的合适发型

脸型	主要不足	适 合 发 型	效 果
梨形	面颊与颌较前额宽	短发，头发尽量梳高，并覆盖前额和太阳穴，两鬓紧贴双耳	使颌与前额平衡，夸张前额
圆形	苹果般的面孔和丰腴的下巴	避免从中间分开头发，把头发都梳到一边，并盖着耳朵，如短发就使用浓密的刘海儿遮脸。若是长发，则将颈部的头发浓密起来，以转移别人视线	由于头发不对称，脸看起来长些
正方形	太显刚毅，颧骨和腮边一样宽	头发不宜中间分开，特别是刘海儿可向侧吹起一个高波，两鬓向后平掠，贴着耳朵。使用一排横过眼眉的小束形刘海儿会弱化方角感。卷曲和波纹会转移别人对脸型边缘的视线	脸的轮廓变柔和
瓜子形	下巴显尖削	额前覆盖些头发，头发可在身后散下	下巴丰润些
三角形	前额宽，颧骨高，两颚修削至尖小的小颚	配上长长肩位松起的发型	使前额看起来较修长
长方形	前额的宽度与颧骨和腮边一样宽	选斜角的刘海儿或两旁较浓密的发型	产生宽度上的错觉

2. 不同脸型的化妆技巧

脸型	目的	操作要点	注意事项
椭圆形	保持自然形状突出其可爱之处	1. 胭脂涂在颊部颧骨的最高处,再向上、向外揉化开 2. 除唇型有缺陷外,尽量按自然唇型涂抹 3. 眉毛顺着眼睛的轮廓修成弧形,眉头应与内眼角齐,眉毛可稍长于外眼角	不需要通过化妆去改变脸型。一定要找出脸部最动人最美丽的部位,而后突出之,以免给人平平淡淡、毫无特点的印象
长形	增加面部的宽度	1. 胭脂应离鼻子远些,在视觉上拉宽面部,涂抹时,可沿着颧骨的最高处与太阳穴下方所构成的曲线部位,向外向上抹开粉底,若双颊下陷或额窄小,应在双颊和额部涂以浅色调的粉底,造成光影,使之变得更丰满一些 2. 眉毛修正时应令其呈弧形	1. 眉毛切不可有棱角 2. 眉毛的位置不宜太高 3. 眉毛尾部忌高翘
圆形	修正为椭圆形	1. 胭脂从颧骨起开始涂至下颊部 2. 唇膏在上嘴唇涂成浅浅的弓形 3. 粉底用来在两颊造阴影,使圆脸削瘦些。选用暗色调粉底,沿额头靠近发际处起向下窄窄地涂抹,至颧骨下可加宽涂抹的面积,造成脸部亮度自颧骨以下逐步集中于鼻子、嘴唇、下巴附近 4. 眉毛可修成自然的弧形,作少许弯曲	1. 胭脂不能简单地在颧骨突出部位涂成圆形 2. 唇膏不能涂成圆形的小嘴形 3. 眉毛不可太平直或有棱角,不可过于弯曲
方形	设法掩饰突出的双颊骨;增加柔和感	1. 胭脂宜涂抹得与眼部平行,并抹在颧骨稍下处并往外揉开 2. 粉底用暗色调在颧骨最宽处造成阴影,令其方正减弱。下颚部用大面积的暗色调粉底造阴影,以改变面部轮廓 3. 唇膏,涂得丰满些,强调柔和感 4. 眉毛,修得稍宽些,眉形可稍带弯曲	1. 胭脂忌涂在颧骨最突出处 2. 眉形不宜有角
三角形	将下部宽角"削"去,把脸型变为椭圆形	1. 胭脂由外眼角处起始,向下抹涂令脸部上半部分拉宽一些 2. 粉底用较深色调的粉底在两腮部位涂抹、掩饰 3. 眉毛保持自然状态	眉毛不可太平直或太弯曲

续表

脸型	目 的	操 作 要 点	注意事项
倒三角形	将上部宽角"削"去，把脸型变为椭圆形	1. 胭脂涂在颧骨最突出处，而后向上、向外揉开 2. 粉底用较深色调的粉底涂在过宽的额头两侧，而用较浅的粉底涂抹在两腮及下巴处，造成掩饰上部突出下部的效果 3. 唇型，用稍亮些的唇膏以加强柔和感，唇型宜稍厚些 4. 眉毛，顺着眼部轮廓修成自然的眉形，描眉时，从眉心到眉尾宜由深渐浅	眉尾不可上翘

项目 2

服务仪态礼仪

◎ 【项目目标】

◇ **知识目标**

1. 掌握服务人员的静止及行进仪态规范;
2. 掌握服务人员主要手势规范;
3. 掌握服务人员表情神态规范。

◇ **技能目标**

1. 主要静止仪态规范:站姿、坐姿、蹲姿;
2. 主要行进仪态规范:基本行进姿态,特例行进姿态;
3. 手势仪态规范:常用手势、错误手势;
4. 面部表情规范:面部表情重点、眼神、微笑。

子项目 2.1 站姿礼仪

◇ **新任务** 制作服务人员的站姿教学录像。

1. 设计男女服务人员的不同形式的站姿;
2. 制作服务人员的站姿教学录像;
3. 挑选站姿展示的模特,并进行服务站姿展示训练。

◇ **知识点**

2.1.1 标准站姿

动作要领是：上体正直，头正目平，收颏梗颈，挺胸收腹，双臂下垂，立腰收臀，嘴唇微闭，表情自然。

① 站姿的基本要求是"直"。从下面看，身体两侧对称，从侧面看，脑后、背心、后腰、臀尖、腿肚和脚跟应在一个垂直平面上。

② 站姿的要点是挺胸抬头，双肩张开，头正目平，微收下额，挺胸收腹，顶腰，双臂自然下垂。站立后，竖看要有直立感，即以鼻子为中线的人体大体呈直线，横着要有开阔感，即肢体及身体给人舒展之感，侧看要有垂直感，即从耳与颈相接处至脚踝骨前侧应呈直线。

③ 呼吸的方法很重要。基本要求是自然舒缓。吸气时，用意念把气息引向头顶，自我感觉躯干有被伸长的感觉，呼气时，用意念把气息沉向肾区，补足肾气，使人看上去精力旺盛，这点对男士尤为重要。

④ 站立时，重心应稍前移至前脚掌，这样站可以站得稳而且不累。女性两腿相靠站直，肌肉略有收缩感，大腿部不要留缝。男士两腿自然张开，但切莫宽过两肩。如图2-1～图2-3所示。

图2-1　标准站姿　　　　图2-2　脚的站立方式　　　　图2-3　手的放置方式

（图片来源：http://jx.dddlpx.com/xxzlk/test/231.htm）

2.1.2 服务工作中的站姿

在服务工作中，主要有以下站姿。

1. 侧放式

这是男女服务人员通用的站立姿势。其要领是：头部抬起，面部转向正前方，双眼平视，下颌微微内收，颈部挺直，双肩放松，呼吸自然，腰部直立。双臂自然下垂，处于身体两侧，中指指尖对准裤缝，手部虎口向前，手指少许弯曲，呈半握拳状，指尖向下，双腿立正并拢，双膝与双脚的跟部紧靠于一起，双脚呈"V"字形分开，二者相距约一个拳头的宽度，注意提起髋部，身体重量应平均分布在两腿上（如图2-4所示）。

图2-4　侧放式

2. 前腹式

又称前交叉。这是女性服务人员常用的站立姿势，其要领是：头、面、眼、颌、颈、肩、腰等部位的姿势与侧放式相同，脚跟靠拢，两膝并拢，双手自然交叉在小腹前，右手放在左手上，双臂稍曲，有"端"着的感觉（如图2-5所示）。

图2-5　前腹式

3. 后背式

又称后交叉。这是男性服务人员常用的站立姿势。其要领是：头、面、眼、颌、颈、肩、腰等部位的姿势与侧放式相同，双腿分开，宽度为齐肩或略窄些，双脚平行，双手轻放在后背腰处轻握（如图2-6所示）。

图2-6 后背式

（图片来源：1. http://jx.dddlpx.com/xxzlk/test/231.htm

2. http://www.sinoaec.com/tech/fllbimg633011_1.htm）

4. 丁字式

丁字式或称"丫"字形，女性常用的站立姿势。其要领是：头、面、眼、颌、颈、肩、腰等部位的姿势与侧放式相同，一脚在前，将脚跟靠在另一脚内侧，双脚尖向外略展开，形成斜写的一个"丁"字，双手在腹前相交，身体重心在两脚上（如图2-7所示）。

图2-7 丁字式

（图片来源：http://www.sinoaec.com/tech/fllbimg633011_1.htm）

站得太累时，可自行调节，双腿微微分开，将身体重心移向左脚或右脚。礼貌的站姿给人舒展俊美，精神饱满，信心十足，积极向上的好印象，因此，在接待服务中，必须养成讲究良好的站姿习惯。

由于性别的差异，男性服务人员在站立时要稳健，所谓"站如松"，以显出男性刚健、强壮、英武、潇洒的风采，要求给人一种"阳刚"之美。具体讲来，在站立时，男性服务人员可以将双手相握，叠放在腹前，或者相握于身后，或者于两侧，双脚可以叉开，两脚之间相距的极限，大致上与肩部同宽。

女性服务人员在站立时要突出柔美，即给人以"亭亭玉立"的感觉，同时，要注意表现出女性轻盈、妩媚、娴静、典雅的韵味，要给人一种"宁静"之美。具体来讲，在站立时，女性服务人员可将双手相握或叠放于腹前，双腿要基本并拢，脚位应与服装相适应，穿紧身短裙，脚跟靠紧，脚掌分开呈"V"状或"丫"状，穿礼服或旗袍时，可双脚微分，重心放在一条腿上。

 **粘贴板**

其他场合的站姿

在生活中，某些场合下，常常有人在站着时，手足无措，不知双手应放在何处才好。同别人站着交谈时，如果空着手，可双手在体前交叉，右手放在左手上。若身上背着皮包，这时可利用皮包来摆出优美的姿势：一只手插口袋，另一只手则轻推皮包或挟着皮包的肩带。手的位置的放置方式有多种，自己可以对着穿衣镜先练习一下，找出最优美的动作，只要不过分做作，一定可以从镜子的练习中找出最适合的姿势。

穿礼服或旗袍时，绝对不要双脚并列，而让两脚之间前后距离5厘米，以一只脚为重心。向长辈、朋友、同事问候或做介绍时，不论握手或鞠躬，双足应当并立，相距约10厘米左右，膝盖要挺直。等车或等人时，两足的位置可一前一后，保持45度角，这时的肌肉放松而自然，但仍保持身体的挺直。总之，站的姿势应该是自然、轻松、优美的，不论站立时摆何种姿势，只有脚的姿势及角度在变，而身体一定要保持绝对的挺直。

资料来源：http://news.zjc.com.cn/show.aspx?id=932&cid=144 一线牵婚介，2005-12-15。

2.1.3 不良站姿

1. 身躯歪斜

古人对站姿曾经指出过"立如松"的基本要求，它说明站立姿势以身躯直正为美，服务人员在站立时，若是身躯出现明显的歪斜，将直接破坏人体的线条美，而且还会给人颓废消沉、委靡不振、自由放纵的直观感觉。

2. 弯腰驼背

其实是身躯歪斜的一种特殊表现。除腰部弯曲，背部弓起之外，它大都会伴有颈部弯缩，胸部凹陷，腹部挺出，臀部撅起等其他不雅体态。凡此种种，都会显得一个人健康欠佳，无精打采（如图2-8所示）。

图2-8 弯腰驼背

（图片来源：http://www.sinoaec.com/tech/fllbimg633011_1.htm）

3. 趴伏倚靠

在工作岗位上，服务人员要确保自己"站有站相"，站立时，随随便便地趴在一个地方，伏在某处左顾右盼，倚着墙壁、货架而立，靠在台桌边，或者前趴后靠，自由散漫，都是极不雅观的（如图2-9所示）。

图2-9 趴伏倚靠

（图片来源：http://www.sinoaec.com/tech/fllbimg633016_2.htm）

4. 腿位不雅

腿位不雅，即双腿大叉。服务人员应切记：自己双腿在站立时分开的幅度，在一般情况下越小越好，有可能时，双腿并拢最好，即使是分开，也要注意不可使二者之间的距离超过本人的肩宽。另外，还有双腿扭在一起，双腿弯曲，一腿立抬等姿势。

5. 脚位欠妥

在正常情况下，双脚站立时呈现出"V"字式，"丫"字式（丁字形），平行式等脚位，但是，采用"人"字式、蹬踏式和独脚式，则是不允许的。所谓"人"形脚位，指的是站立时两脚脚尖靠在一起，而脚后跟却大幅度地分开，这一脚位又叫"内八字"。所谓脚蹬踏式，是指站立时为了图舒服，在一只脚站在地上的同时，将另一只脚踩在鞋帮上，踏在椅面上，蹬在窗台上，跨在桌面上等。"独脚式"即把一脚抬起，另一只脚落地（如图2-10所示）。

图2-10 脚位欠妥

（图片来源：http://www.sinoaec.com/tech/fllbimg633016_2.htm）

6. 手位失当

站立时不当的手位主要有：一是将手插在衣服的口袋内，二是将双手抱在胸前，三是将两手抱在脑后，四是将双手支于某处，五是将两手托住下巴，六是手持私人物品（如图2-11所示）。

图2-11 手位失当

（图片来源：http://www.sinoaec.com/tech/fllbimg633011_1.htm）

7. 半坐半立

在工作岗位上，服务人员必须严守岗位规范，该站就站，该坐就坐，绝对不允许在需要站立时，为了贪图安逸而擅自采取半坐半立之姿。当一个人半坐半立时，既不像站，也不像坐，只能让人觉得过分的随便和缺乏教养。

8. 全身乱动

站立乃是一种相对静止的体态，因此不宜在站立时频繁地变动体位，甚至浑身不住地上下乱动。手臂挥来挥去，身躯扭曲，腿脚抖来抖去，都会使站姿变得十分难看。

9. 摆弄物件

站立时，不要下意识地做些小动作，如摆弄打火机、香烟盒、玩弄衣带、发辫、咬手指甲等，这些动作不但显得拘谨，给人以缺乏自信和教养的感觉，也有失仪表的庄重。

◇ 指导书

1. 提出项目任务

（1）教师提出项目名称：制作服务人员的站姿教学录像。
（2）学生根据教师提出的项目任务进行讨论，最终确定具体的项目任务。
可以根据具体的课时及教学条件选择适合的项目任务。

2. 明确学习目标

学生根据具体的项目任务，与教师一起讨论本项目的学习目标。
① 能够掌握服务人员在工作岗位上的标准站姿；
② 能够掌握服务工作站姿技巧；
③ 能够自觉纠正服务工作中的不良站姿。

3. 相关知识学习

学生与教师一起讨论要完成项目任务所需的相关知识点。由学生对已学过和旧知识进行总结回顾，教师对学生尚未掌握的新知识进行讲授或学习方法的指导。
教师在相关知识学习的过程中应该成为学生选择学习内容的导航者。

4. 制订工作计划

建议本项目采用小组工作方式。由学生制订项目工作计划，确定工作步骤和程序，并最终得到教师的认可。
此步操作中，教师要指导学生填写项目计划书（项目计划书样式见书后附录A）。

5. 实施工作计划

学生确定各自在小组中的分工以及合作的形式，然后按照已确立的工作步骤和程序工作。
在实施工作计划的过程中，教师是学习过程的咨询者和参谋。教师应从讲台上走下来，成为学生的学习伙伴，解除不同特点的学生遇到的困难和疑惑并提出学习建议。
项目实施过程中，教师要指导学生填写小组工作记录（小组工作记录样式见书后附录B）。

6. 成果检查评估

先由学生对自己的工作结果进行展示，再由教师对工作成果进行检查评分。师生共同对项目工作中出现的问题进行分析，找出解决问题的办法，为今后的项目学习打好基础。

◇ 评价标准与评价表

1. 评价标准

站姿评价标准

评价项目	评 价 标 准	分值
侧立式站姿	1. 头抬起，面朝正前方，双眼平视，下颌微微内收，颈部挺直，双肩放松，呼吸自然，腰部直立 2. 脚掌分开呈"V"字形，脚跟靠拢，两膝并严，双手放在腿部两侧，手指稍弯曲，呈半握拳状	20分
前腹式站姿	1. 同"侧立式站姿"操作标准第1条 2. 脚掌分开呈"V"字形，脚跟靠拢，两膝并严，双手相交放在小腹部	20分
后背式立姿	1. 同"侧立式站姿"操作标准第1条 2. 两腿分开呈"V"字形，两脚平行，比肩宽略窄些，双手在背后轻握放在腰处	20分
丁字式立姿	1. 同"侧立式站姿"操作标准第1条 2. 一脚在前，将脚跟靠于另一脚内侧，两脚尖向外略展开，形成斜写的一个"丁"字，双手在腹前相交，身体重心在两脚上，此式限于女性使用	20分
站得太累时自行调节	两腿微微分开，将身体重心移向左脚或右脚	20分

2. 评价表

评价项目	评 价 内 容	分值	得分
侧立式站姿		20分	
前腹式站姿		20分	
后背式立姿		20分	
丁字式立姿		20分	
站得太累时自行调节		20分	

子项目 2.2 行姿礼仪

◇ **新任务** 演示服务人员的行姿。

1. 演示生活中各种标准规范的行姿;
2. 对照和纠正不良行姿;
3. 训练服务人员在服务中标准规范的行姿。

◇ **知识点**

2.2.1 基本要求

1. 规范的行姿

正确的行姿要求"行如风"。其规范要领是:上身挺直,头正目平,收腹立腰,摆臂自然,步态优美,步伐稳健,动作协调,走成直线(如图 2 - 12 所示)。

2. 注意要点

服务人员在行进时,应当特别关注以下几点。

(1) 精神饱满

正确的行姿可表现一个人朝气蓬勃、积极向上的精神状态,正确的行姿应以正确的站姿为基础。行走时应上身挺直,头部端正,下颌微收,两肩齐平,挺胸,收腹,立腰,双目平视前方,精神饱满,表情自然。

(2) 方向明确

在行走时,必须保持明确的行进方向,尽可能地使自己犹如在一条直线上行走,做到此点,往往会给人以稳重之感。具体的方法是,行走时应以脚尖正对前方,所走的路线形成一条虚拟的直线。

(3) 步幅适度

步幅(步度)是指人们每走一步时,两脚之间的正常距离,通俗地讲,步幅就是人们行进时脚步的大小。在生活中步幅的大小往往与人的身高成正比,身高脚长者步幅就大些,身矮脚短者步幅也就小些。人们行进时,一般的步幅与本人一只脚的长度相近,即前脚的脚跟距离后脚的脚尖之间的距离,通常情况下,男性的步幅约 40 厘米,女性的步幅约 36 厘米,当然,女性的步幅跟服装与鞋子有一定关系。一般来讲,以直线条为主的服装特点是:舒展、矫健、庄重、大方;而以曲线为主的服装特点是:妩媚、柔美、优雅、飘逸。例如西服是以直线条为主,穿西装要注意挺拔,保持前后平正,走路的步

项目2 服务仪态礼仪

图 2-12 正确的行姿

（图片来源：http://jx.dddlpx.com/xxzlk/test/231.htm）

幅可略大些。女士穿旗袍时，就要求身体挺拔。胸微含，下颌微收，不要塌腰撅臀，走路的步幅不宜大；穿长裙行走时要平稳，步幅可稍大些，并注意调整头、胸、髋三轴的角度，强调整体造型美；穿短裙走路要表现出轻盈、敏捷、活泼、洒脱的特点，步幅不宜大，但步速可稍快些、穿长裤行走时，能够强调臀部曲线美，可走出较大而快的步子，展示出穿着长裤时所流露出的潇洒和轻便。女性穿高跟鞋后，脚跟提高了，身体重心自然前移，为了保持身体平衡，髋关节、膝关节、踝关节要绷直，胸部自然挺起，且要收腹、提臀、直腰、使走姿更显挺拔，平添魅力。穿高跟鞋行走步幅要小，脚跟先着地，两脚脚跟要落在一条直线上，像一枝柳条上的柳叶一样，即所谓"柳叶步"，当然，高跟鞋的高度应以穿着舒服、行走方便、符合脚的生理结构为宜；一般瘦而长的脚型，鞋跟可适当高一些，肥而短的脚型，鞋跟应该低一点。

 **粘贴板**

步度与步态

走路时步态美不美，是由步度和步位决定的。如果步位和步度不合标准，那么全身摆动的姿态就失去了协调的节奏，也就失去了自身的步韵。所谓步度，是指行走时，两脚之间的距离。步度的一般标准是一脚踩出落地后，脚跟离未踩出一脚脚尖的距离恰好等于自己的脚长，这个标准与身高有关，身材高者则脚长，步伐自然大些；若身材矮者，步伐也会小些。所谓脚长是指穿了鞋子的长度，而非赤脚。但穿什么样的服装和穿什么样的鞋也会决定什么步度。如果穿的是旗袍或筒裙，脚下又穿了高跟鞋，那么步度肯定就比平时穿长裤或平底鞋要小些，因为旗袍的下摆小，高跟鞋从鞋跟到鞋尖的长度比平底鞋短。而穿着高跟鞋走路，步度便显得婀娜多姿。所谓步位，就是脚落地时应放置的位置。走路时最好的步位是：两只脚所踩的是一条直线，而不是两条平行线。特别是一位女性走路时，双脚踩着左右两条线走路，是有失雅观的，同时又太男性化（穿裤装的例外）。步韵也很重要。走路时，膝盖和脚腕都要富有弹性，肩膀应自然、轻松地摆动，使自己走在一定的韵律中，显得自然优美，否则会失去节奏感，显得浑身僵硬。正确的走姿是：轻而稳，胸要挺，头抬起，两眼平视，步度和步位合乎标准。

资料来源：http://news.zjc.com.cn/show.aspx?id=932&cid=144 一线牵婚介，2005-12-15。

（4）速度均匀

在一定的场合，一般应当保持相对稳定的速度，步速稳健也是步态美的又一重要问题。人们行进的速度取决于人的兴奋程度，兴奋程度高，步速也快，兴奋程度低，动作则迟缓，要保持步态的优美，行进的速度应保持均匀平稳，不能过快过慢，忽快忽慢。在正常情况下，应自然舒缓，显得成熟、自信。当然，男女在步速上亦有差别。一般来说，男性步伐矫健、稳重、刚毅、洒脱、具有阳刚之美，步伐频率每分钟约110步；女性步伐轻盈、柔软、玲珑、娴淑，具有阴柔之美，步伐频率每分钟约90步，如穿窄裙西服裙或旗袍等裙装时，步速则快一些，可达110步左右。脚步要干净利索，有鲜明的节奏感，不可拖泥带水，也不可重如马蹄声。

（5）重心放准

正确的做法是：行进时身体向前微倾，重心落在前脚掌上，在行进过程中，应注意身体的重心随着脚步的移动不断地向前过渡，而切勿让身体的重心停留在自己的后脚上。

（6）身体协调

行进中，膝盖和脚腕要富有弹性，起动时要以脚跟首先着地，膝盖在脚部落地时应当伸直。腰部应为身体重心移动的轴线，双臂应自然轻松一前一后摆动，两臂前后摆动的幅度要小，与身体成10°角为宜，保持身体各部位之间动作的和谐，使自己在一定的韵律之中，显得自然优美，否则就失去节奏感。

（7）造型优美

做到昂首挺胸，步伐轻松而矫健。其中最为重要的是行走时应面对前方、两眼平视、挺胸收腹、直起腰背、伸直腿部，使自己全身从正面看上去犹如一条直线一般。

（8）男女差别

男性服务人员与女性服务人员在行进时，具有不同的风格，男性服务人员在行进时，走平行线，即左右脚踏出的应是平行线，两脚尖稍外展，通常速度稍快，脚步稍大，步伐奔放有力，充分展示着男性的阳刚之美。女性服务人员在行进时，两脚尖正对前方，两脚交替走在一条直线上，这样可展示女性腰肢，体现轻盈、雅致、优美、自然。

2.2.2　不良行姿

不良行姿如下。

① 方向不定、忽左忽右。

② 横冲直撞。行进中，在人群之中乱冲乱闯，甚至碰撞到他人的身体，这是极其失礼的。

③ 抢道先行。行进时，要注意方便和照顾他人，通过人多路窄之处务必要讲究"先来后到"，对他人"礼让三分"，让人先行。

④ 阻挡道路。在道路狭窄之处，悠然自得地缓慢而行，甚至走走停停，或者多人并排而行，显然都是不妥的。服务人员还须切记，一旦发现自己阻挡了他人的道路，务必要闪身让开，请对方先行。

⑤ 蹦蹦跳跳。服务人员务必要注意保持自己的风度，不宜使自己的情绪过分地表面化。若一旦激动起来，走路便会变成了上蹿下跳，甚至连蹦带跳的失常情况。

⑥ 奔来跑去。有急事要办时，服务人员可以在行进中适当加快步伐。但若非碰上了紧急情况，则最好不要在工作时跑动，尤其是不要当着顾客的面突如其来地狂奔而去，那样通常会令其他人感到莫名其妙，产生猜测，甚至还有可能造成过度紧张的气氛。

⑦ 制造噪音。服务人员应有意识地使行走悄然无声。其做法是：一是走路时要轻手轻脚，不要在落脚时过分用力，走得"咚咚"直响；二是上班时不要穿带金属鞋跟或钉有金属鞋掌的鞋；三是上班时所穿的鞋子一定要合脚，否则走动时会发出叭哒叭哒的令人厌烦的噪音。

⑧ 体过分摇摆，步幅忽大忽小——轻挑、浅薄，故意矫揉造作。

⑨ 身体僵硬，步履缓慢沉重——心境不佳，内心保守顽固，思想陈旧僵化。

⑩ 双手插于衣裤口袋内而行——褊狭小气，或狂妄自傲，缺乏教养。

⑪ 双手反剪于身后而行——自恃优越，高于或长于他人。

⑫膝盖僵直,双脚在地面上擦,腿伸不直,脚尖首先着地——拖沓、迟钝,缺乏朝气和活力。

⑬"外八字步"或"内八字步"(鸭子步),趿拉着鞋走出嚓嚓声响或重心后坐或前移。步履蹒跚等不雅步态,要么使行进者显得老态龙钟,有气无力,要么给人以嚣张放肆、矫揉造作之感(如图2-13所示)。

图2-13 不良行姿

(图片来源:http://www.sinoaec.com/tech/fllbimg633011_1.htm)

2.2.3 服务工作中的行姿

1. 陪同引导

陪同,指的是陪伴别人一同行走。引导,则是指在行进中带领别人,有时又叫做引领,引路或带路。服务人员在陪同引导时,应注意以下四点。

(1) 本人所处方位

若双方并排行进时,服务人员应处于左侧,若双方单行行进时,则服务人员应居于客人左前方约1米左右的位置。当顾客不熟悉行进方向时,一般不应请其先行,同时也不应让其走在外侧。

(2) 协调行进速度

在陪同引导客人时,本人行进的速度须与对方相协调,切勿我行我素,走得太快或太慢。

(3) 及时关照提醒

陪同引导时,一定要处处以对方为中心。经过拐角、楼梯或道路坎坷、昏暗之处时,须关照提醒对方留意。

(4) 采取正确的体态

陪同引导客人时,有必要采取一些特殊的体态,如请对方开始行进时,应面向对方,稍许欠身,在行进中与对方交谈或答复其提问时,头部和上身应转向对方。

2. 上下楼梯

作为服务人员,尤其是饭店服务员一定要走指定的楼梯通道,而且要减少在楼梯上的停留,坚持"右上右下"的原则,以方便对面上下楼梯的他人。另外,还要注意礼让客人,上下楼梯时,出于礼貌,可请对方先行;陪同引导客人时,则应上楼梯时行在后,下楼梯时行在前面。

3. 进出电梯

(1) 使用专用的电梯

服务人员不要与顾客混用同一部电梯。

(2) 牢记"先出后进"

一般乘电梯的规矩是:里面的人出来之后,外面的人方可进去。

(3) 照顾好服务对象

若乘的是无值班员的电梯,服务人员须自己先进后出,以便为顾客控制电梯。若乘的是有值班员的电梯,则服务人员应当后进先出。进出电梯时,应侧身而行,以免碰撞、踩踏别人,进入电梯后,应尽量站在里边。

4. 出入房门

(1) 先通报

进入别人办公室或进入房门时尤其是在进入饭店客房门之前,一定要先敲门、按门铃向房内之人进行通报,即使门虚掩敞开的,也应先敲门以示尊敬。

(2) 以手开关

出入房门时,务必要用手轻轻开门或关门,而不可用身体其他部位,如用肘部顶、用膝盖拱、用臀部撞、用脚尖踢、用脚跟蹬等方式。

（3）面向他人

出入房门，特别是在出入一个较小的房间而房内又有自己熟悉的人时，最好是反手关门，反手开门，并且始终注意面向对方，而不可以背部相对于对方。

（4）要"后入后出"

与他人一起出入房门时，礼貌的做法是：服务人员一般应自己后进门后出门，而请对方先进门先出门。

（5）为他人开门

尤其是在陪同引导他人时，服务人员有义务在出入房门时替对方开门。

5. 搀扶帮助

在工作时，服务人员往往需要对一些老、弱、病、残、孕等顾客主动搀扶，以示体贴与特殊照顾。搀扶指的是在行进之中，用自己的一只手或双手，去轻轻架着不方便的客人。在为客人提供搀扶帮助时要注意以下问题。

（1）选择对象

若是不分对象，对任何人都主动搀扶，则难免会令人觉得滑稽，适得其反。

（2）两相情愿

即使发现确有需要搀扶帮助的客人，在搀扶之前，要首先征得其同意，照顾对方自尊心。

（3）留意速度

步速不宜过快，应主动与对方保持一致。

（4）略事休息

应考虑到被搀扶者的身体状况，在搀扶对方行进的过程中，应适当地"暂停几次"，以便对方缓口气稍作休息。

6. 变向行走

（1）后退

先面向对方退几步，再转体离去。通常面向他人至少后退两三步，对交往对象越尊重，后退的步子则越多。后退时步幅宜小，脚宜轻擦地面。转体时宜身先头后。

（2）侧行

当与同行者交谈时，上身应正面转向交谈对象，身体与对方保持一定距离。与他人狭路相遇时，应两肩一前一后，胸部正面转向对方。而不可背向对方。

（3）前行转身

在向前行进中转身而行，一是前行右转。以左脚掌为轴心，在左脚落地时，向右转体90°，同时迈出右脚。二是前行左转。与前行右转相反，在前行中向左转身，应以右脚掌为轴心，右脚落地时，向左转体90°，同时迈出左脚。

(4) 后退转身

即在后退之中转身而行。一是后退右转先退行几步后,以左脚掌为轴心,向右转体90°,同时向右迈出右脚。二是后退左转。先退几步后,以右脚掌为轴心向左转体90°,同时先迈出左脚。

7. 与客人对面相遇

客人从对面走来时,员工应向客人行礼,同时应注意以下几点。

(1) 放慢步伐

离客人约两米处,目视客人,面带微笑轻轻点头致意,并且说"您好!您早"等礼貌用语。

(2) 行鞠躬礼

应停步,躬身15°~30°,眼往下看,并致问候,切忌边走边看边躬身。

服务人员在工作中,可以边工作,边致礼,如果能暂停手中的工作行礼,更会让客人感到满意(如图2-14所示)。

图 2-14 服务中的行姿

(图片来源:http://www.sinoaec.com/tech/fllbimg633016_2.htm)

◇ **指导书**

1. 提出项目任务

(1) 教师提出项目名称:演示服务人员的行姿。

（2）学生根据教师提出的项目任务进行讨论，最终确定具体的项目任务。

可以根据具体的课时及教学条件选择适合的项目任务。

2. 明确学习目标

学生根据具体的项目任务，与教师一起讨论本项目的学习目标。

① 能够掌握服务人员在工作岗位上的行姿基本规范；

② 掌握服务人员在工作岗位上行姿的运用技巧；

③ 能够自觉纠正服务工作中的不良行姿。

3. 相关知识学习

学生与教师一起讨论要完成项目任务，所需的相关知识点。由学生对已学过和旧知识进行总结回顾，教师对学生尚未掌握的新知识进行讲授或学习方法的指导。

教师在相关知识学习的过程中应该成为学生选择学习内容的导航者。

4. 制订工作计划

建议本项目采用小组工作方式。由学生制订项目工作计划，确定工作步骤和程序，并最终得到教师的认可。

此步操作中，教师要指导学生填写项目计划书（项目计划书样式见书后附录A）。

5. 实施工作计划

学生确定各自在小组中的分工以及合作的形式，然后按照已确立的工作步骤和程序工作。

在实施工作计划的过程中，教师是学习过程的咨询者和参谋。教师应从讲台上走下来，成为学生的学习伙伴，解除不同特点的学生遇到的困难和疑惑并提出学习建议。

项目实施过程中，教师要指导学生填写小组工作记录（小组工作记录样式见书后附录B）。

6. 成果检查评估

先由学生对自己的工作结果进行展示，再由教师对工作成果进行检查评分。师生共同对项目工作中出现的问题进行分析，找出解决问题的办法，为今后的项目学习打好基础。

◇ 评价标准与评价表

1. 评价标准

评价项目	评 价 标 准	基本要求
一般行姿	1. 方向明确。在行走时，必须保持明确的行进方向，尽可能地使自己犹如在直线上行走，不突然转向，更忌突然大转身 2. 步幅适中。就一般而言，行进时迈出的步幅与本人一只脚的长度相近。即男子每步约40厘米，女子每步约36厘米 3. 速度均匀。在正常情况下，男子每分钟108～110步，女子每分钟118～120步，不突然加速或减速 4. 重心放准。行进时身体向前微倾，重心落在前脚掌上 5. 身体协调。走动时要以脚跟首先着地，膝盖在脚步落地时应当伸直，腰部要成为重心移动的轴线，双臂在身体两侧一前一后地自然摆动 6. 体态优美。做到昂首挺胸，步伐轻松而矫健，最重要的是：行走时两眼平视前方，挺胸收腹，直起腰背，伸直腿部	"行如风"，即走起来要像风一样轻盈。方向明确、抬头、不晃肩摇头，两臂摆动自然，两腿直而不僵，步伐从容，步态平衡，步幅适中均匀，两脚落地呈两条直线
陪同客人的行姿	1. 同"一般行姿" 2. 引领客人时，位于客人侧前2～3步，按客人的速度行进，不时用手势指引方向，招呼客人	
与客人反向而行的行姿	1. 同"一般行姿" 2. 接近客人时，应放慢速度，与客人交会时，应暂停行进，空间小的地方，要侧身，让客人通过后再前进	
与客人同向而行的行姿	1. 同"一般行姿" 2. 尽量不超过客人；实在必须超过，要先道歉后超越，再道谢	
与服务人员同行的行姿	1. 同"一般行姿" 2. 不可并肩同行，不可嬉戏打闹，不可闲聊	

2. 评价表

评价项目	评 价 情 况	分值	得分
一般行姿		20分	
陪同客人的行姿		20分	
与客人反向而行行姿		20分	
与客人同向而行行姿		20分	
与服务人员同行行姿		20分	

子项目 2.3 蹲、坐姿礼仪

◇ **新任务** 演示服务人员的蹲、坐姿。

1. 演示生活中各种标准规范的蹲、坐姿；
2. 对照和纠正不良蹲、坐姿；
3. 训练服务人员在服务中标准规范的蹲、坐姿。

◇ **知识点**

2.3.1 蹲姿

蹲姿与坐姿都是由站立姿势变化而来的相对静止的体态。蹲是由站立的姿势转变为两腿弯曲和身体高度下降的姿势。在一般情况下，蹲姿不像站姿、行姿、坐姿那样使用频繁，因而往往被人所忽视。如果一位衣冠楚楚的先生或女士，当一件东西掉在地上，在众目睽睽之下很随便地猫腰撅臀，把东西捡起来，这种臀部后撅、上身前倒的姿势显得非常不雅，即使是两腿展开，平衡下蹲也不美观，讲究举止的人就应该讲究蹲姿。在服务行业的服务人员所采用的蹲姿，往往只是在比较特殊的情况下采用的一种暂时性体态，时间不宜过久。

1. 适用情况

在服务行业，一般只有遇到下述几种比较特殊的情况，才允许服务人员在其工作中酌情采用蹲的姿势。

（1）整理工作环境时

在需要对自己的工作岗位进行收拾、清理时，可以采取蹲的姿势。

（2）给予客人帮助时

特殊情况下帮助客人时，如与一位迷路的儿童进行交谈时，可以采取蹲姿。

（3）提供必要服务时

当服务人员为客人服务，而又必须采用下蹲姿势时。例如，当客人坐处较低，以站立姿势为其服务既不方便，又显得高高在上，不礼貌，此时可改用蹲姿势。

（4）捡拾地面物品时

当本人或他人的物品落到地上，或需要从低处拿起来时，不宜弯身捡拾拿取，面向或背对着他人时这么做，则更为失宜，此刻，采用蹲的姿势最为恰当。

（5）自己照顾自己时

有时，服务人员需要照顾一下自己，如整理一下自己的鞋袜，亦可以采用蹲的姿势。

2. 标准蹲姿

（1）高低式

其主要要求是下蹲时，应左脚在前，右脚靠后。左脚完全着地，右脚脚跟提起，右膝低于左膝，右腿左侧可靠于左小腿内侧，形成左膝高右膝低姿势。臀部向下，上身微前倾，基本上用左腿支撑身体。采用此式时，女性应并紧双腿，男性则可适度分开。若捡身体左侧的东西，则姿势相反。这种双膝以上靠紧的蹲姿在造型上也是优美的。

（2）交叉式

交叉式蹲姿主要适用于女性，尤其是适合身穿短裙的女性在公共场合采用。它虽然造型优美，但操作难度较大。这种蹲姿要求在下蹲时，右脚在前，左脚居后，右小腿垂直于地面，全脚着地。右腿在上，左腿在下，交叉重叠。左膝从后下方伸向右侧，左脚跟抬起脚尖着地。两腿前后靠紧，合力支撑身体。上身微向前倾，臀部向下。

（3）半蹲式

半蹲式蹲姿多为人们在行进之中临时采用。它的基本特征是身体半立半蹲，其主要要求是：在蹲下时，上身稍许下弯，但不宜与下肢构成直角或锐角；臀部务必向下；双膝可微微弯曲，其角度可根据实际需要有所变化，但一般应为钝角。身体的重心应当被放在一条腿上，而双腿之间不宜过度地分开。

（4）半跪式

半跪式蹲姿又叫单蹲姿。它与半蹲式蹲姿一样，也属于一种非正式的蹲姿，多适用于下蹲的时间较长，或为了用力方便之时。它的基本特征是：双腿一蹲一跪。其主要要求是：下蹲以后，改用一腿单膝点地，以其脚尖着地，而令臀部坐在脚跟上；另外一条腿应当全脚着地，小腿垂直于地面；双膝必须同时向外，双腿则宜尽力靠拢。

3. 注意事项

（1）不要突然下蹲

下蹲时，速度切勿过快。当自己在行进中需要下蹲时，必须牢记这一点。

（2）不要距人过近

在下蹲时，应与他人保持一定的距离；与他人同时下蹲时，更不能忽略双方之间的距离，以防彼此迎头相撞。

（3）不要方位失当

在他人身边下蹲，尤其是在服务对象身旁下蹲时，最好是与之侧身相向，正面面对他人或者背部对着他人下蹲，通常都是不礼貌的。

（4）不要随意滥用

服务时，若在毫无必要的情况下采用蹲姿，只会给人虚假造作之感。另外，不可蹲在椅子上，不可蹲着休息。

2.3.2 坐姿

1. 要求与标准

标准坐姿是指人在就座以后身体所保持的一种姿态，也是一种静态的身体造型，是人际交往和工作中采用较多的一种姿势。具体的方法是：将自己的臀部置于椅子、凳子、沙发或其他物体之上，以支持自己身体重量，单脚或双脚放在地上。正确的坐姿要求是"坐如钟"，即坐相要像钟一样端正、稳重、自然、亲切，不仅给人一种文雅、大方的舒适感，而且也是展现自己气质和风度的重要形式。

2. 几种典型坐姿

坐姿要根据凳面的高低及有无扶手与靠背来调整，并注意两手、两腿、两脚的正确摆法，典型的坐姿有以下几种。

（1）两手摆法

有扶手时，双手轻搭或一搭一放；无扶手时，两手相交或轻握或呈八字形置于腿上；或右手搭在右腿上，左手搭在右手背上。

（2）两腿摆法

凳面高度适中时，两腿相靠或稍分，但不能超过肩宽；凳面低时，两腿并拢，自然倾斜于一方；凳面高时，一腿略搁于另一腿上，脚尖向下。

（3）两脚摆法

脚跟脚尖全靠或一靠一分，也可一前一后（可靠拢也可稍分），或右腿放在左腿外侧。

（4）"S"形坐姿

上体与腿同时转向一侧，面向对方，形成一个优美的"S"形坐姿。

（5）叠腿式坐姿

两腿膝部交叉，一脚内收且与前腿膝下交叉，两脚一前一后着地，双手稍微交叉于腿上。起立时，右脚向后收半步，而后立起；离开时，再向前走一步，自然转身退出。

（6）正襟危坐式

适用于最正规的场合。这种坐姿要求入座者上身与大腿、大腿与小腿均成直角，并使小腿与地面垂直，双膝双脚完全并拢。此式男女皆宜，在尊长面前不宜坐满椅面，以占 2/3 左右为宜。

（7）垂腿开膝式

其主要要求与前一种坐姿相同，只是双膝稍许分开，但不超过肩宽。此式多为男士所用。

（8）双脚交叉式

双膝并拢，然后双脚在踝部交叉，但不宜远伸。此式男女皆宜。

项目2 服务仪态礼仪

（9）双腿叠放式

双腿一上一下完全交叠在一起，叠放在上的那只脚的脚尖应垂向地面，双脚的置放视座椅高矮而定，可以垂放，也可以与地面呈45°斜放。采用此种坐姿，切勿双手抱膝。此坐姿适合于穿短裙的女士。

（10）双腿斜放式

双腿并拢后，双脚同时向右侧或左侧斜放，并与地面形成45°左右的夹角，适用穿短裙的女士在较低的座椅就座。

（11）前伸后曲式

先将大腿并拢，然后向前伸一条腿，同时把另外一条腿后曲。两脚脚掌着地，前后保持在一条直线上。

正确的坐姿如图2-15所示。

图2-15 正确的坐姿

图片来源：1. http：//jx.dddlpx.com/xxzlk/test/231.htm.
2. http：//campus.nwpu.edu.cn/xsc/news/myP/shownews.asp?id=110.

3. 入座与离座礼仪

1）入座礼仪

（1）在他人之后入座

出于礼貌可与对方同时入座；而当对方是顾客时，一定要先让对方入座，切勿自己抢先入座。

（2）在适当之处就座

在大庭广众之前就座时，一定要坐在椅、凳等常规位置，而坐在桌子上、窗台上、地板上等处，往往是失礼的。

 **粘贴板**

座位高低不同时坐姿的不同要求

1. 低座位：轻轻坐下，臀部后面距座椅背约两公分，背部靠座椅靠背。如果穿的是高跟鞋，坐在低座位上，膝盖会高出腰部，因此应当并拢两腿，使膝盖平行靠紧，然后将膝盖偏向对话者。偏的角度，应根据座位高低来定，但以大腿和上半身构成直角为标准。

2. 较高的座位：上身仍然要正直，可以跷大腿。其方法是将左腿微向右倾，右大腿放在左大腿上，脚尖朝向地面，切忌右脚尖朝天。

3. 座椅不高也不低：两脚尽量向后左方，让大腿和上半身成90度以上角度，双膝并拢，再把右脚从左脚外侧伸出，使两脚外侧相靠，这样不但雅致，而且显得文静而优美。

不论何种坐姿，上身都应保持端正。你自己有没有留心坐的姿势呢？走路的姿势固然重要，可是坐的姿势也很重要。如果自己仪态不好，可能引起自卑感。如果你有端丽的仪表，那么，便会很自信，别人自然会被你吸引了。沙发椅的座位相当深广。因此，坐下来时不要太靠里面，而致使小腿紧贴边沿，这样的姿势看起来活像两个大萝卜。

资料来源：http://news.zjc.com.cn/show.aspx?id=932&cid=144 一线牵婚介，2005-12-15。

(3) 在合"礼"之处就座

与他人同时就座时，应当注意位的尊卑，主动将上座让于来宾或客人。

(4) 从座位左侧就座

条件若允许，在就座时最好从座椅的左侧接近它，这样做既是一种礼貌，而且也易于就座。

(5) 向周围之人致意

在就座时，若附近坐着熟人，应主动跟对方打招呼；若不认识身边的人，亦应向其先点头示意。在公共场合要想坐在别人身旁，则须先征求对方同意。

(6) 轻手轻脚就座

就座时，要减慢速度，放轻动作，尽量不要弄得座椅乱响，噪声扰人。

(7) 以背部接近座椅

在他人面前就座时，最好背对着自己的座椅入座，这样不会背对着对方。其做法是：先侧身走近座椅，背对其站立，右腿后退一点，以小腿确认一下座椅的位置，然后随势坐下。

(8) 坐下后调整体位

为了使坐得端正舒适，或为了方便整理衣服，可在坐下后调整一下体位，但这动作不可与就座同时进行。

2）离座礼仪

离座指的是起身离开座椅，离座时应遵循的礼貌规范如下。

（1）先有表示

离座时身旁如有人在座，需以语言或动作向其行示意，随后方可起身，一蹦而起会令邻座或周围人受到惊扰。

（2）注意次序

与他人同时离座，须注意起身的先后次序。地位低于对方时，应稍后离座；地位高于对方时，则可首先离座；双方身份相似时，才允许同时起身离座。

（3）起身缓慢

起身离座时，最好动作轻缓，无声无息，尤其要避免"拖泥带水"，弄响座椅，或将椅垫罩弄得掉在地上。

（4）站好再走

离开座椅后，先要采用"基本站姿"，站定后，方可离去。若是起身便跑，或者离座与走开同时进行，则会是显得过于匆忙，有失稳重。

（5）从左离开

在尽可能的情况下，坐下后起身，宜从左侧离去，与"左入"一样，"左出"也是一种礼。

 **粘贴板**

坐姿不良

坐姿不良是腰酸背痛的主要凶手。"而对于长期使用计算机的上班族而言，坐姿不良通常是造成腰酸背痛的最主要凶手。"KingNet国家网络医院骨科驻院医师施世亮医师说，"我们的脊椎在坐姿情况下就像一个杠杆，如果头部向前倾，为了支撑前倾的头部，骨头的韧带就会产生一个拉力，当力量超过韧带所能负荷的范围，这个力量就会转移到背后的肌肉上，于是肌肉便持续暴露在张力之下，因此，久而久之，就会出现颈部容易酸痛的症状"。

施世亮医师表示，这种不正确的姿势如果持续很久而没有加以调整，就会开始在颈部肌肉堆积一些不必要的代谢废物，再加上肌肉与骨头交接点之间的拉扯，久而久之就会发炎。如果仍然不去理会，就会转变成慢性的肌肉发炎。时间久了，你就会发现自己的后颈部肌肉变硬了，这是因为肌肉里面有许多发炎的细胞，而造成变质，没有弹性。当然，疼痛的现象依旧，而且还会越来越频繁。

资料来源：www.webhospital.org.tw/activity/office_he... 4K, 2005-09-19.

4. 不雅的坐姿

1) 不雅的腿姿

（1）双腿叉开过大

面对外人时，双腿如果叉开过大，不论是大腿还是小腿叉开，都极其不雅。

（2）架腿方式欠妥

将一条小腿架在另一条大腿上，在两者之间还留出大大的空隙，成为所谓的"架二郎腿"或架"4"字形腿，甚至将腿搁在桌椅上，就更显得过于放肆。

（3）双腿过分伸张

坐下后，将双腿直挺挺地伸向前方，这样不仅可能会妨碍他人，而且也有碍观瞻。因此，身前若无桌子，双腿尽量不要伸到外面来。

（4）腿部抖动摇晃

力求放松，坐下后抖动摇晃双腿，极其不雅。

2) 不安分的脚姿

坐下后脚后跟接触地面，而且将脚尖翘起来，脚尖指向别人，使鞋底在别人眼前"一览无余"。另外，以脚蹬踏其他物体，以脚自脱鞋袜，都是不文明的陋习。

3) 不知所措的手势

（1）以手触摸脚部

就座以后用手抚摸小腿或脚部都是极不文明、不卫生的习惯。

（2）手置于桌下

若身前有桌子时，就座后，双手都应置于桌上。单手或双手放于桌下，都是不妥的。

（3）手支于桌上

用双肘支在桌子上，对于同座之人是不礼貌的做法。

（4）双手抱在膝盖或小腿上

在工作中这样做感到惬意放松，但在接待客人时就不可取。

（5）将手夹在腿间

坐下后将双手夹在两腿之间，这样会显得胆怯害羞，个人自信心不足，也显得不雅。

（6）双手抱于脑后或放于臀部下面或双手撑椅

4) 不良的身姿

① 坐下后左顾右盼，摇头晃脑。

② 全身完全放松，瘫软在椅子上。

③ 头仰到沙发或椅子后面，屁股溜到椅子的边缘，腹部挺起。

④ 弓腰驼背，全身挤成一团或"O"形坐姿。

⑤ 忽坐忽立，动作幅度太大，碰上周围东西。

项目2 服务仪态礼仪

"坐如其人",一个人的坐姿也是他的素养和个性的显现,得体的坐姿可以塑造服务人员的良好形象;错误的坐姿,则会给人一种粗俗、没有教养的印象(如图2-16所示)。

图2-16 不良的身姿

(图片来源:1. http://jx.dddlpx.com/xxzlk/test/231.htm.
2. http://www.sinoaec.com/tech/fllbimg633022_1.htm)

 粘贴板

调整坐姿就能减肥

减肥有时并不像想像的那么困难,有些人只要纠正坐姿,便能减去腹部脂肪。这主要是指四肢较瘦、体重标准,唯独腰围大于臀围的那种脂肪专门集中于肚皮的人,多见于打字员、微机操作员、文秘职员等长期伏案工作的人。

无论是站着、坐着、只要姿势不正,用力不匀,使肌肉"苦乐"不均,就会导致身体局部的脂肪堆积。"肥"得太不是地方,不仅仅是体形是否美观的问题,还会影响人的健康。与其他部位的脂肪相比,腹部的脂肪细胞生性活跃,凭借距离心脏、肝脏近的优势,常常能够轻而易举地进入血液循环,沉积在动脉血管壁,引起动脉粥样硬化。

专家认为,只要调整坐姿,随时提醒自己挺胸、缩腹、直腰、坐如悬钟,哪怕是不能始终保持,想起来就做,都有可能从肚子上减去脂肪。要是每天做1小时,每周坚持4~5次的中度激烈的快走、慢跑、跳健身操等促使心肺活动和肌肉收缩的体育锻炼,就能阻止脂肪沉积,加强脂肪消耗。

资料来源:www.xints.cn,2005-07-28.

◇ 指导书

1. 提出项目任务

（1）教师提出项目名称：演示服务人员的蹲、坐姿。

（2）学生根据教师提出的项目任务进行讨论，最终确定具体的项目任务。

可以根据具体的课时及教学条件选择适合的项目任务。

2. 明确学习目标

学生根据具体的项目任务，与教师一起讨论本项目的学习目标：

① 能够掌握服务人员在工作岗位上的规范蹲姿；

② 能够掌握服务人员在工作岗位上的规范坐姿；

③ 能够自觉纠正服务工作中的不良蹲、坐姿态。

3. 相关知识学习

学生与教师一起讨论要完成项目任务所需的相关知识点。由学生对已学过的旧知识进行总结回顾，教师对学生尚未掌握的新知识进行讲授或对学习方法进行指导。

教师在相关知识学习的过程中应该成为学生选择学习内容的导航者。

4. 制订工作计划

建议本项目采用小组工作方式。由学生制订项目工作计划，确定工作步骤和程序，并最终得到教师的认可。

此步操作中，教师要指导学生填写项目计划书（项目计划书样式见书后附录 A）。

5. 实施工作计划

学生确定各自在小组中的分工以及合作的形式，然后按照已确立的工作步骤和程序工作。

在实施工作计划的过程中，教师是学习过程的咨询者和参谋。教师应从讲台上走下来，成为学生的学习伙伴，解除不同特点的学生遇到的困难和疑惑并提出学习建议。

项目实施过程中，教师要指导学生填写小组工作记录（小组工作记录样式见书后附录 B）。

6. 成果检查评估

先由学生对自己的工作结果进行展示，再由教师对工作成果进行检查评分。师生共同对项目工作中出现的问题进行分析，找出解决问题的办法，为今后的项目学习打好基础。

◇ 评价标准与评价表

1. 评价标准

坐姿评价标准

评价项目	评价标准	分值
基本坐姿	1. 入座时，要轻而缓，走到座位前面转身，右脚后退半步，左脚跟上，然后轻轻地坐下 2. 女子手将裙子向前拢一下 3. 坐下后，由身直正，头正目平，嘴巴微闭，脸带微笑，腰背稍靠椅背，两手相交放在腹部或两腿上，两脚平落在地面。男子两膝间的距离以一拳为宜，女子则以不分开为好	30分
两手摆法	1. 有扶手时，双手轻搭或一搭一放 2. 无扶手时，两手相交或轻握放于腹部；左手放在左腿上，右手搭在左手背上，两手呈八字形放于腿上	10分
两腿摆法	1. 凳高适中时，两腿相靠或稍分，但不能超过肩宽 2. 凳面低时，两腿并拢，自然倾斜于一方 3. 凳面高时，一腿略搁于另一腿上，脚尖向下	10分
两脚摆放	1. 脚跟与脚尖全靠或一靠一分 2. 也可一前一后或右脚放在左外侧	10分
"S"形坐姿	上体与腿同时转向一侧，面向对方，形成一个优美的"S"形坐姿	20分
叠膝式坐姿	1. 两腿膝部交叉，一脚内收并与前腿膝下交叉，两脚一前一后着地 2. 双手稍微交叉于腿上 3. 起立时，右脚向后收半步，而后站起 4. 离开时，再向前走一步，自然转身退出房间	20分

2. 评价表

评价项目	评价情况	分值	得分
基本坐姿		30分	
两手摆法		10分	
两腿摆法		10分	
两脚摆放		10分	
"S"形坐姿		20分	
叠膝式坐姿		20分	

子项目 2.4　手、臂势礼仪

◇ **新任务**　根据教师提供的模拟工作状况，演示服务工作中的手、臂姿势。

1. 演示生活中常用的手臂姿势；
2. 对照和纠正不良的手臂姿势；
3. 训练服务人员在服务中标准规范的手臂姿势。

◇ **知识点**

2.4.1　基本原则

1. 使用规范化手势

使用的手势应符合国际规范、国情规范、大众规范和服务规范，这样才不致引起交往对象的误解。

2. 注意区域性差异

在不同的地区，人们往往使用不同的"手语"。比如，伸出右臂，掌心向下，手臂反复向内侧挥动，其含义在中国主要是招呼别人，而在美国则是叫狗跑过来。使用手势时应注意不同国家、地区、民族的风俗习惯。

3. 手势宜少不宜多

在正常情况下，服务人员的手势应尽量少而精，在毫无必要之时将手臂挥来挥去，既不能完整表达思想感情，也毫无美感可言。

4. 注意手势的力度和幅度

使用手势应注意其力度的大小和幅度，大小力度适中，不宜单调重复，上界不超过头顶，下界不低于胸部，左右不超过肩宽。

5. 自然亲切

多用柔和曲线的手势，避免生硬的直线的手势，任何时候不用大拇指指向自己或指点他人。

2.4.2　常用手势

1. 正常垂放

在这里，正常垂放是指站立服务时双手垂放的手势。它是服务人员使用最多的手势之一，也称基本服务手势。具体做法有以下七种。

① 双手指尖朝下，掌心向内，手臂伸直后分别紧贴两腿裤线处。

② 双手伸直后自然相交于小腹处，掌心向内，一只手在上、另一只手在下叠放在一起。

③ 双手伸直后自然相交于小腹处，掌心向内，一只手在上、另一只手在下地相握。

④ 双手伸直后自然相交手背后，掌心向外，两只手相握。

⑤ 一只手紧贴裤线自然垂放，另一只手略弯曲，掌心向内搭在腹前。

⑥ 一只手掌心向外背在背后，另一只手略弯曲，掌心向内搭在腹前。

⑦ 一只手紧贴裤线自然垂放，另一只手掌心向外背在身后。

2. 自然搭放

在站立服务时，身体应尽量靠近桌面或柜台，上身挺直；两臂稍弯曲，肘部朝外，两手以手指部分放在桌子或柜台上，指尖朝前，拇指与其他四指稍有分离，并轻搭在桌子或柜台边缘。应注意不要距离桌子或柜台过远，同时还要根据桌面高矮来调整手臂弯曲程度，尽量避免将上半身趴伏在桌子或柜台上，将整个手掌支撑在桌子、柜台上。

以坐姿服务时，将手部自然搭放在桌面上。身体趋近桌子或柜台，尽量挺直上身；除采取书写、调试等必要动作时，手臂可摆放于桌子或柜台之上外，最好仅以双手手掌平放于其上；将双手放在桌子或柜台上时，双手可以分开、叠放或相握，但不要将胳膊支起来，或是将手放在桌子或柜台之下。

3. 手持物品

（1）稳妥

手持物品时，可根据物体重量、形状及易碎程度采取相应手势，切记确保物品的安全，尽量轻拿轻放，防止伤人或伤己。

（2）自然

手持物品时，服务人员可依据本人的能力与实际需要，酌情采用不同姿势，但一定要避免在持物时手势夸张，"小题大做"，失去自然美。

（3）到位

"到位"是指持物到位的含义，例如，箱子应当拎其提手，杯子应当握其杯耳，炒锅应当持其手柄。持物时若手不能到位，不但不方便，而且也很不自然。

（4）卫生

为客人取拿食品时，切忌直接下手，敬茶、斟酒、送汤、上菜时，千万不能手指搭在杯、碗、碟、盘边沿，更不能无意之间手指浸泡在其中。

4. 递接物品

（1）双手为宜

有可能时，双手递物于他人最佳；不方便双手并用时，也应尽量采用右手。以左手递物，通常被视为失礼之举。

（2）递到手中

递给他人的物品，应直接交到对方手中为好，不到万不得已，最好不要将所递的物品放在别处。

（3）主动上前

若双方相距过远，递物者应主动走近接物者，假如自己坐着的话，还应尽量在递物时起身站立。

（4）方便接拿

服务人员在递物时，应为对方留出便于接取物品的地方，不要让其感到接物时无从下手，将带有文字的物品递交他人时，还须使之正面朝向对方。

（5）尖、刃向内

将带尖、带刃或其他易于伤人的物品递于他人时，切勿以尖、刃直指对方。合乎服务礼仪的做法是应使尖、刃朝向自己，或朝向他处。

5. 展示物品

（1）便于观看

展示物品时，一定要方便现场的观众观看，因此，一定要将展示物品正面朝向观众，举到一定的高度，并使展示的物品能让观众充分观看。当四周皆有观众时，展示还须变换不同角度。

（2）操作标准

服务人员在展示物品时，不论是口头介绍还是动手操作，均应符合有关标准，解说时应口齿清晰，语速舒缓；动手操作时，则应手法干净利索，速度适宜，并经常进行必要的重复。

（3）手位正确

在展示物品时，应使物品在身体一侧展示，不宜挡住本人头部。具体而言，一是将物品举至高于双眼之处，这一手位适于被人围观时采用；二是双臂横伸将物品向前伸出，活动范围自肩至肘之外，其上不过眼部，下不过胸部，这一手位易给人安定感。

6. 招呼别人

在招呼别人时，必须牢记两点：一是要使用手掌，而不能使用手指；二是掌心向上，而不宜掌心向下。

7. 举手致意

当服务人员忙于工作而又看见面熟的客人，且无暇分身时，向其举手致意可消除对方的被冷落感。其正确方法如下。

（1）面向对方

举手致意时，应全身直立，面向对方，至少上身头部要朝向对方，在目视对方的同时，应面带笑容。

(2) 手臂上伸
致意时应手臂自下而上向侧上方伸出，手臂既可略有弯曲，也可全部伸直。
(3) 掌心向外
致意时需掌心向外，即面对对方，指尖朝向上方；同时，切记伸开手掌。

粘贴板

握手的起源

握手起源于"刀耕火种"的原始社会，那时的人们，用以防身和狩猎的主要武器就是棍棒和石块。传说当人们走在路上遭遇陌生人时，如果双方都不怀恶意，便放下手中的东西，伸出一只手来，手心向前，向对方表示自己手中并没有石块和棍棒，不必害怕。相互走近之后，便互相摸摸右手，以示友善，天长日久，这种表示友好的习惯沿袭下来，就成为今天的握手礼。

8. 与人握手

(1) 注意先后顺序
握手时双方伸出手来的先后顺序应为"尊者在先"。即地位高者先伸手，地位低者后伸手。例如，在工作中，服务人员通常不宜主动伸手与顾客相握。
(2) 注意用力大小
握手时力量应适当，用力过重与过轻，同样都是失礼的。
(3) 注意时间长度
与人握手时，一般握3秒钟至5秒钟即可。没有特殊的情况，不宜长时间地握手。
(4) 注意相握的方式
通常，应以右手与人相握。握手时，应当先走近对方，右手向侧下方伸出，双方互相握住对方的手掌。被握住的部分，应大体上包括手指至虎口处。双方手部相握后，应目视对方的双眼。常见的握手姿势如图2-17所示。

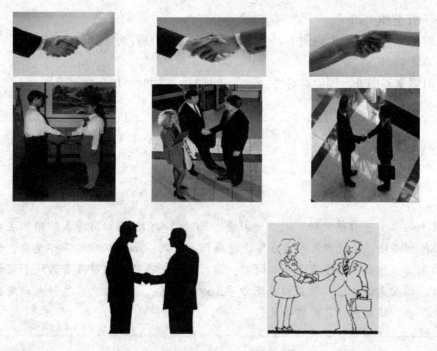

图 2-17 握手的手势

（图片来源：1. http：//www.lovetu.cn/html/QT/WYS/20050427225635.htm.
2. http：//jx.dddlpx.com/xxzlk/test/231.htm.
3. http：//design.gzeic2024.com/show_download.asp? id=45）

 **工具箱**

鞠 躬 礼

　　行礼方式有很多，但最能表达谦卑的就要算鞠躬礼了，鞠躬礼有深有浅，不同的度数表达不同的含义，也适用不同的场景。下面介绍三种鞠躬礼仅供参考。

　　◆ 45 度：适用于面对最为尊敬的上司、长辈、老师等，一般用于较为隆重的场合。

　　◆ 30 度：适用于接待客人时，尤其是特别的场合，如迎来送往等。

　　◆ 15 度：使用在待人接物的每个细节，如握手、指引、端茶送水、请求落座、递接名片等，都需要这个微微欠身的礼貌动作。

　　资料来源：http：//news.zjc.com.cn/show.aspx? id=932&cid=144 一线牵婚介，2005-12-15.

9. 挥手道别

（1）身体站直

尽量不要走动、乱跑，更不要摇晃身体。

（2）目视对方

目送对方远去直至离开，若不看道别对象，便会被对方理解解为"目中无人"，或敷衍了事。

（3）手臂前伸

道别时，可用右手，也可双手并用，但手臂应尽力向前伸出。注意手臂不要伸得太低或过分弯曲。

 **粘贴板**

飞　　吻

飞吻之来源十分古老，据说最早源自希腊。希腊人在向天神祈福时，通常先会摊开双手双臂，脸朝向天空向神祈祷，之后再用飞吻之手势抛给天上诸神，以表示喜欢、敬爱之意。后来在 16 世纪时传到了西班牙宫廷，再传至英、法、意大利等国。在今天意大利南部拿玻里之圣海伦节时，会有圣血之圣瓶游行庆典，人山人海万头攒动之际，距离圣血较远处之信徒虽然无法伸手触摸圣瓶，但也会以飞吻表达之。

资料来源：http：//www.qianlong.com，2005-11-21.

（4）掌心朝外

挥手道别时要保持掌心向外，否则是不礼貌的。

（5）左右挥动

挥手道别时，要将手臂向左右两侧轻轻来回挥动，但尽量不要上下摆动。

10. 常用的几种引导手势

手势的规范标准是：手指伸直并拢，掌心斜向上方，手与前臂成一条直线，肘关节自然弯曲（以肘关节为轴，弯曲 140°左右，手掌与地面基本上形成 45°）；手势的上界不要超过对方视线，下界不要低于胸区；手势的左右摆动范围不要太宽；与客人交谈时，手势不宜过多，动作不宜过大。介绍某人或为客人引路指示方向时，掌心向上，四指并拢，大拇指张开，以肘关节为轴，前臂自然上抬伸直。指示方向时，上稍向前倾，面带微笑，自己的眼睛看着目标方向，并兼顾客人是否意会到目标。

(1) 横摆式

用于引导表示"请"时的手势。注：手位的高度齐腰高。

(2) 斜摆式

请对方落座的手势。注：座位在哪儿，手位指到哪儿。

(3) 直臂式

（专业引导手势）适用于给对方指引方向。注：手臂伸直与肩同高。

(4) 曲臂式

适用于单手持物或扶门时，须向对方做"请"的手势。

(5) 双臂式

适用于面对众多人做"请"的手势。

常见的服务手势如图 2-18 所示。

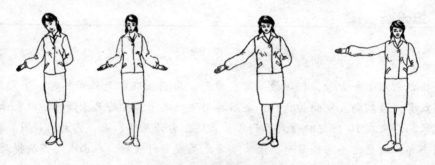

图 2-18 常用的服务手势

2.4.3 不良手势

手势是人的第二面孔，具有抽象、形象、情意、指示等多种表达功能，服务人员应根据对方的手所表现出的各种仪态，准确地判断出各种手势所传达出的各种真实的、本质的信息，以更好地完成服务工作任务，与此同时，服务人员在使用手势语时，以下几种手势是值得特别重视的，否则，将会给对方传达出不良的信息。

1. 指指点点

工作中绝不可随意用手指对客人指指点点，与人交谈更不可这样做。

2. 随意摆手

在接待客人时，不可将一只手臂伸在胸前，指尖向上，掌心向外，左右摆动。这些动作的一般含义是拒绝别人，有时，还有极不耐烦之意。

3. 端起双臂

双臂抱起，然后端在胸前这一姿势，往往暗含孤芳自赏、自我放松，或是置身度外、袖手旁观、看他人笑话之意。

4. 双手抱头

这一体态的本意是自我放松,但在服务时这么做,则会给人以目中无人之感。

5. 摆弄手指

工作中无聊时反复摆弄自己的手指、活动关节或将其捻响、打响指,要么莫名其妙地攥松拳,或手指动来动去,在桌面或柜台不断敲叩,这些往往会给人不严肃、很散漫之感,望而生厌。

6. 手插口袋

这种表现会使客人觉得服务人员忙里偷闲,在工作方面并未尽心尽力。

7. 摇首弄姿

这种手势,会给人以矫揉造作、当众表演之感。

8. 抚摸身体

在工作之时,有人习惯抚摸自己的身体,如摸脸、擦眼、搔头、剜鼻、剔牙、抓痒、搓泥,这会给别人缺乏公德意识、不讲究卫生、个人素质极其低下的印象。

9. 勾指手势

请他人向自己这边过来时,用一只食指或中指竖起并向自己怀里勾,其他四指弯曲,示意他人过来,这种手势有唤狗之嫌,对人极不礼貌。

 粘贴板

外国手势趣谈

◆ 英国心理学家麦克·阿尔奇在环球旅行时作过一次有趣的调查。在1小时的谈话中,芬兰人做手势一次,意大利人80次,法国人120次,墨西哥人180次。俄罗斯人在表露自己的感情方面较为矜持,某人说话时指手画脚,会被看作缺乏教养。

◆ 按俄罗斯人的习惯,不能用手指东西,尤其是指人。然而,在西班牙和拉美国家,人们在说话时,时常加上手、头的动作和面部表情,以加强说话的语气,他们尤其喜欢用手指点自己身边的物体。

◆ 俄罗斯人把手指放在喉咙上,表示"吃饱"。日本人做这个动作,表示被人家"炒了鱿鱼"。

◆ 要提醒别人"当心"、"请注意"时,意大利、西班牙人和拉丁美洲人用左手食指放在眼睑上往外一抽;而在澳大利亚,做同样这个动作,则表示蔑视。

◆ 日本人和欧洲人同样鼓掌，其意思也各不相同，日本人鼓掌时用手指击拍，表示欢迎。在英国看戏或听音乐会，如果也是这样鼓掌，则意味着演出不受欢迎，演员最好还是及早退场。

◆ 同样将手朝下一挥，在阿根廷、乌拉圭和委内瑞拉都表示赞扬，意思是"嘿！好样的"；而在秘鲁，这个手势是表示"啊呀，我弄错了"；在智利，这个动作的意思是"瞧，出了什么事啦"；印第安人用手在面前一挥，表示"否"。

◆ 用手势表示数目，英国人是以伸展食指来表示"一"，但是瑞士人却是以伸出大拇指为"一"。土耳其等近东国家的人们表示反对时，常是用右手抖动衣服的翻领。我们以举起右臂，摇动手掌招呼人，埃及人却是把两只手臂平举至肩高，手掌向下，然后摆动手指来喊人。墨西哥的交通警察在堵截违章的汽车司机时，通常用手咬住右手中间的三根手指头，以此来示意司机停车。尼日利亚人在两人见面时是用大拇指在手上轻轻弹叩几下来表示；刚果河流域一带的人们，则是互相伸出双手，然后弯下身去，吹几口气来表示的；东非有些国家先是握手，然后再握住对方右手的大拇指，以示亲热。大洋洲有些岛上的人们，惯用中指拉勾代替握手，日本北海的虾夷族人，见面时先双手合十，再将手举前额，然后男人摸胡须，女人拍拍嘴唇，最后再握手。在英、美等国的公共场所演讲，演讲人要想使听众保持安静，就得举起双手与头并齐，掌心向着观众；可是，这种手势要是在希腊照样做，那就会被人们认为是投降的姿态，是最丑恶的现象。

资料来源：http：//news.zjc.com.cn/show.aspx?id=932&cid=144 一线牵婚介，2005-12-15.

◇ 指导书

1. 提出项目任务

（1）教师提出项目名称：根据教师提供的模拟工作状况，演示服务工作中的手、臂姿势。

（2）学生根据教师提出的项目任务进行讨论，最终确定具体的项目任务。

可以根据具体的课时及教学条件选择适合的项目任务。

2. 明确学习目标

学生根据具体的项目任务，与教师一起讨论本项目的学习目标：

① 能够掌握服务人员在工作岗位上使用的规范手势；

② 熟练掌握握手的礼仪规范；

③ 熟练自如地在服务工作中运用常用手势。

3. 相关知识学习

学生与教师一起讨论要完成项目任务所需的相关知识点。由学生对已学过的旧知识进行总结回顾，教师对学生尚未掌握的新知识进行讲授或学习方法的指导。

教师在相关知识学习的过程中应该成为学生选择学习内容的导航者。

4. 制订工作计划

建议本项目采用小组工作方式。由学生制订项目工作计划，确定工作步骤和程序，并最终得到教师的认可。

此步操作中，教师要指导学生填写项目计划书（项目计划书样式见书后附录 A）。

5. 实施工作计划

学生确定各自在小组中的分工以及合作的形式，然后按照已确立的工作步骤和程序工作。

在实施工作计划的过程中，教师是学习过程的咨询者和参谋。教师应从讲台上走下来，成为学生的学习伙伴，解除不同特点的学生遇到的困难和疑惑并提出学习建议。

项目实施过程中，教师要指导学生填写小组工作记录（小组工作记录样式见书后附录 B）。

6. 成果检查评估

先由学生对自己的工作结果进行展示，再由教师对工作成果进行检查评分。师生共同对项目工作中出现的问题进行分析，找出解决问题的办法，为今后的项目学习打好基础。

◇ 评价标准与评价表

1. 评价标准

评价项目	评 价 标 准	基本要求
正常垂放	具体做法有以下七种。 1. 双手指尖朝下，掌心向内，手臂伸直后分别紧贴两腿裤线处 2. 双手伸直后自然相交于小腹之处，掌心向内，一只手在上、一只手在下叠放在一起 3. 双手伸直后自然相交于小腹处，掌心向内，一只手在上、一只手在下地相握 4. 双手伸直后自然相交手背后，掌心向外，两只手相握 5. 一只手紧贴裤线自然垂放，另一只手略弯曲，掌心向内搭在腹前 6. 一只手掌心向外背在背后，另一只手略弯曲，掌心向内搭在腹前 7. 一只手紧贴裤线自然垂放，另一只手掌心向外背在身后	自然优雅，规范适度，五指伸直并拢，掌心斜向上方，腕关节伸直，手与前臂形成直线，以肘关节为轴弯曲140°左右为宜，手掌与地面形成45°

续表

评价项目	评 价 标 准	基本要求
自然搭放	1. 在站立服务时，身体应尽量靠近桌面或柜台，上身挺直；两臂稍弯曲，肘部朝外，两手以手指部分放在桌子或柜台上，指尖朝前，拇指与其他四指稍有分离，并轻搭在桌子或柜台边缘。应注意不要距离桌子或柜台过远，同时还要根据桌面高矮来调整手臂弯曲程度，尽量避免将上半身趴伏在桌子或柜台上，将整个手掌支撑在桌子、柜台上 2. 以坐姿服务时，将手部自然搭放在桌面上。身体趋近桌子或柜台，尽量挺直上身；除采取书写、调试等必要动作时，手臂可摆放于桌子或柜台之上外，最好仅以双手手掌平放于其上；将双手放在桌子或柜台上时，双手可以分开，叠放或相握，但不要将胳膊支起来，或是将手放在桌子或柜台之下	不可将桌子或柜台作为支撑身体的用途
手持物品	1. 稳妥　2. 自然　3. 到位　4. 卫生	身体其他部位姿势规范，与手势动作协调
递送物品	1. 双手为宜　2. 递到手中　3. 主动上前 4. 方便接拿　5. 尖、刃向内	
展示物品	1. 便于观看　2. 操作标准　3. 手位正确	
打招呼	1. 要使用手掌，而不能仅用手指 2. 要掌心向上，而不宜掌心向下	
举手致意	1. 面向对方。举手致意时，应全身直立，面向对方，至少上身与头部要朝向对方，在目视对方的同时，应面带笑容 2. 手臂上伸，致意时应手臂自下而上向侧上方伸出，手臂既可略有弯曲，也可全部伸直 3. 掌心向外，致意时须掌心向外，即面向对方，指间朝向上方；同时，切记伸开手指	
握手	1. 注意先后顺序　2. 注意用力大小 3. 注意时间长度　4. 注意相握方式	
挥手道别	1. 身体站直。尽量不要走动、乱跑，更不要摇晃身体 2. 目视对方。目送对方远去直至离开，若不看道别对象，便会被对方理解为"目中无人"或敷衍了事 3. 手臂前伸。道别时，可用右手，也可用双手并用，但手臂应尽力向前伸出；注意手臂不要伸得太低或过分弯曲 4. 掌心朝外。挥手道别时，要保持掌心向外，否则是不礼貌的 5. 左右挥动。挥手道别时，要将手臂向左右两侧轻轻地来回挥动，但尽量不要上下摆动	

续表

评价项目	评价标准	基本要求
引导手势	1. 横摆式：手位高度齐腰高，用于引导表示"请"时的手势 2. 斜摆式：请对方落座。座位在哪儿，手位指到哪儿 3. 直臂式：（专业引导手势）适用于给对方指引方向。手臂伸直与肩同高 4. 曲臂式：适用于单手持物或扶门时，须向对方做"请"的手势 5. 双臂式：适用于面对众多人做"请"的手势	

2. 评价表

评价项目	评价情况	分值	得分
正常垂放		10分	
自然搭放		10分	
手持物品		10分	
递送物品		10分	
展示物品		10分	
打招呼		10分	
举手致意		10分	
握手		10分	
挥手道别		10分	
引导手势		10分	

子项目2.5 表情神态礼仪

◇ **新任务** 组织一次"微笑服务"辩论赛。

1. 理解不同眼神的含义，把握注视礼仪的要领；
2. 训练正确微笑的方式；
3. 展示微笑服务比赛。

◇ **知识点**

人是最善于表情的动物。表情是指表现在面部或姿态上的思想感情，神态则是指在人的面部所表现出来的神情态度。据国外学者研究，在70万种人体语言中，光人的脸，就能作出大约25万种不同的表情，占人体语言的35.7%。这里所讲的表情是指包括头部在内的人的脸色变化，肌肉收展和眉、眼、鼻、嘴的动作所组成的面部表情。服务人员在工作中，要注意自己的表情神态，因为在服务对象看来，服务人员的表情代表了他对待客人的态度。在服务工作中要把握以下基本原则。

2.5.1 基本原则

1. 表现谦恭

服务人员在工作中务必使自己的表情神态于人恭敬、于己谦和。

2. 表现友好

在工作中，对待任何服务对象，皆应友好相待，所谓"笑迎八方来客，广交四海朋友"。

3. 表现适时

不论采用何种表情神态，服务人员都要切记使之与服务现场的氛围和实际需要相符合。

4. 表现真诚

工作中，服务人员要努力使本人的表情神态出自真心诚意，给客人以表里如一，名副其实之感。

粘贴板

摇　头

摇头表示否定、反对、阻止或不以为然；摇头吐舌、摇首咂舌，则表示惊讶、怀疑、不理解；摇首顿足则表示不满和无可奈何等。但是，点头和摇头在不同国家和地区也有不同的语义。

（1）意大利那不勒斯人表示否定的动作不是摇头，而是把脑袋向后一仰；表示强调的否定还用手指敲敲下巴来配合。

（2）在斯里兰卡、尼泊尔和希腊等国家点头则是否定或不同意的意思。

（3）在保加利亚，是"点头不算摇头算"。

（4）印度、巴基斯坦、阿尔巴尼亚、伊朗、孟加拉等也是如此。

2.5.2 重在面部

1. 眼神

眼神，指的是人们在注视时，眼部所进行的一系列活动及所显现的神态。如果说，面部是"心灵的镜子"，那么，眼睛就是"心灵的窗户"，"一身精神，具乎两目"。在人的体态语言中，眼睛最能倾诉感情，沟通心灵。眼神的千变万化，表露着人们丰富多彩的内心世界。美国作家爱默生曾说："人的眼睛和舌头所说的话一样多，不需要字典，却能够从眼睛的语言中了解整个世界。"印度诗人泰戈尔也说："一旦学会了眼睛的语言，表情的变化将是无穷无尽的。"

1）眼睛的魅力

眼睛是大脑在眼眶的延伸。据专家研究，眼神实际上是瞳孔的变化行为，瞳孔是受中枢神经控制的，它能如实地显示大脑正在进行的一切活动。瞳孔放大，传达正面信息（如看到漂亮的异性或令人喜欢、兴奋、愉快的事情）；看到自己讨厌的人或反映消沉、厌烦、愤怒的事情等负面信息，瞳孔则缩小。人们的喜怒哀乐、爱憎好恶等思想情绪的存在和变化，都能从眼睛这个神秘的器官中显示出来。如：

目光炯炯——给人以健康、精力旺盛的印象；

目光迟钝——给人以衰老、虚弱的印象；

目光明泽——给人以坦诚、正直的印象；

目滞神昏——给人以屈服命运的印象；

目光闪烁——给人以神秘、心虚的印象；

目光如炬（电）——给人以远见卓识的印象；

目光如豆（鼠）——给人以见识短浅、能力低下的印象。

使个眼色，会心会意，配合默契的人常常心领神会，递个眼神，心照不宣，机智而聪明的人常常能接受。俗话说"情发于目"，一双漂亮的会说话的眼睛，就是一个打开内心世界的活字典。

2）眼神的类型

眼神的传情达意也有许多类型，概括起来有以下几种：

情爱型——含情脉脉、频传秋波；

凝视型——目光凝滞、若有所思；

思考型——不眨其眼、凝视一处；

忧虑型——双眉不展、目光下视；

欢快型——目光明快、喜形于色；

愤怒型——双眉紧蹙、怒目而视；

惊恐型——双目圆睁、惊恐万状；

暗示型——目光严肃、寓意深切；
轻蔑型——目光冷淡、虚眼斜视；
风流型——挤眉弄眼、目光轻佻。
眼神如图2-19所示。

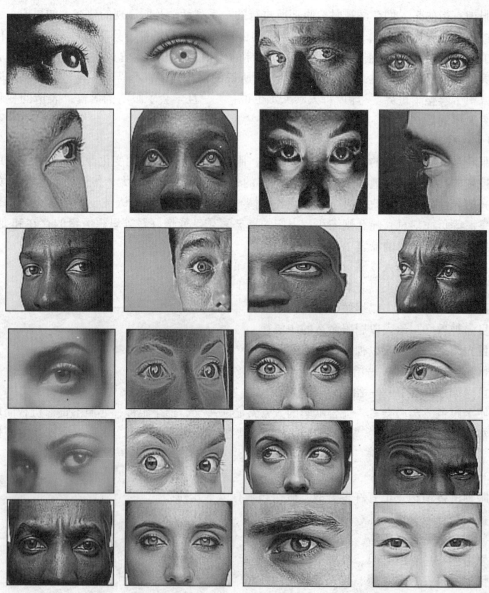

图2-19　不同的眼神

（图片来源：http://www.dabaoku.com/sucai/renwu/yanjingyanshen/index.htm）

3）运用目光的礼节

（1）凝视的部位

目光是一种重要的礼仪。在人际交往中，目光主要用来表示对对方的亲切、友好与关注。在目光接触中，凝视的部位、角度和时间不同，表明双方的关系也不同。在目光凝视中大体有三种情况。

① 亲密凝视。这是亲人或恋人之间使用的一种凝视行为。这种凝视就是看着对方的双眼和胸部之间的"下三角"部位。

② 公务凝视。这是人们在洽谈业务、磋商交易和贸易谈判时所使用的一种凝视行为。这种凝视是指用眼睛看着对方的脸上的两眼和额头中部之间的"上三角"部位。

③ 社交凝视。这是人们在社交场所使用的凝视行为。这种凝视是眼睛看着对方脸上的两眼到嘴唇之间的"下三角"部位。注视这个部位会造成一种社交气氛，而本人眼神运用则以散点柔视为佳，看人时，目光柔和、亲切、坦诚，而不要逼视对方。

（2）注视的角度

注视对方的角度，是事业与交往对象关系亲疏和对人态度的大问题。在社交场合，宜采取正视、平视、仰视、环视（与多人交往时），而不能扫视、斜视、他视、无视。仰视表示崇拜和尊敬，正视、平视、环视，体现平等、公平或自信，俯视虽有爱护、宽容之意，又有轻蔑、傲慢之嫌。至于扫视、斜视、他视、无视都是不可取的失礼之举。

（3）注视的时间

注视对方时间的长短也很讲究，看的时间少或不屑一顾，表示对对方的冷落、轻视或反感；长时间盯着对方，特别是对异性的凝目盯视和对初识者的上下打量，也是不礼貌的行为。在与人交往中，运用目光注视时间的长短，要视关系亲疏和对对方表示友好重视的程度而定。一般对刚开始接触的陌生人，眼神不能直视对方，应先平视一眼，然后转视他人或四周，避免相互对视；而且在平视对方时，应报以微笑、点头、问候或握手等举动，使双方由陌生到相识，成为新的朋友。对于熟人、故交或对交往对象表示友好、重视，注视对方的时间应长一些，约占彼此相处时间的 $1/3 \sim 2/3$。比如，见面握手、问候时，眼睛要亲切、热情地望着对方；与人交谈时，要善于与对方进行目光接触，当询问对方身体及家人近况时，用关切的目光；征询对方意见，用期待的目光；在对方表示了支持、合作的意向时，用喜悦的目光；对对方谈话内容感兴趣时，用关注的目光；谈到有启发性问题或真知灼见时，用赞美的目光；中间插话、转移话题或提问时，宜用歉意的目光，即使送走客人时，也要用目光一直送客人走远，这叫"目送"，以示尊敬友好。总之，应最大限度地运用目光的表现力，创造一个最佳的交往氛围。

4）服务人员工作时眼神运用应兼顾的问题

（1）注视的部位

① 对方的双眼。注视对方的双眼，既可表示自己对对方全神贯注，也表示对对方所讲的话正在洗耳恭听。问候对方，听取诉说，征求意见，强调要点，表示诚意，向人道贺或与

人道别时，皆应注意对方双眼，但时间不宜过久。

② 对方的面部。与服务对象较长时间交谈时，可以对方的整个面部为注视区域。注视他人的面部时，最好是对方的眼鼻三角区，而不要聚集于一处，以散点柔视为宜。

③ 对方的全身。同服务对象相距较远时，服务人员一般应当以对方的全身为注视点；在站立服务时，往往如此。

④ 对方的局部。服务工作中，往往会因为实际需要，面对客人身体的某一部分多加注视。例如，在递接物品时，应注视对方的手部。

(2) 注视的角度

既要方便服务工作，又不至于引起服务对象误解，具体的视角主要有三种。

① 正视对方。即在注视他人时，与之正面相向，同时还须将上身前部朝向对方。正视对方是交往中的一种基本礼貌，其含义表示重视对方。

② 平视对方。即在注视他人时，身体与对方处于相似的高度，在服务工作中平视服务对象，表现出双方地位平等与本人不卑不亢。当处于坐姿时，看见顾客到来，便要起身相迎，以便平视。

③ 仰视对方。即在注视他人时，本人所处位置比对方低，而需抬头向上仰望对方。在仰视他人时，可给对方重视信任之感。

另外，还要指出，服务人员在注视顾客时，视角要保持相对稳定，即使需要有所变化，也要过渡自然；对客人上上下下反复进行打量凝视的做法，往往会使对方感到被侮辱、被挑衅。

各种表情如图2-20所示。

图2-20 表情

(图片来源：http://jx.dddlpx.com/xxzlk/test/231.htm)

（3）兼顾多方

服务人员在工作岗位上为多人进行服务时，有必要巧妙地运用自己的眼神，对每一位服务对象予以兼顾。服务人员在为互不相识的多位客人服务时，既要按照先来后到的顺序对先来的客人多加注视，同时又要以略带歉意、安慰的眼神，去环视一下等候在身旁的其他人士。这样既表现出了善解人意与一视同仁，又可以让后到的客人感到安慰，使其不致产生被疏忽、被冷落之感，稳定其躁动情绪。

2. 微笑

1）微笑的魅力

（1）微笑能融洽交往气氛

在人的面部表情中，除眼神以外，最动人、最有魅力的是微笑。在人际交往中，微笑是人际关系的黏合剂，是"参与社交的通行证"，也是待人处世的法宝。在社会交往中，微笑有一种天然的吸引力，能使人相悦相亲、相近，能有效地缩短双方的心理距离，营造融洽的交往氛围。与人初次见面，友好微笑，可以消除双方的拘束感；与朋友见面打个招呼，点头微笑，显得和谐融洽；洽谈达成协议，会心一笑，能消除芥蒂，增进友情；婉拒他人，淡雅一笑，近情近理，不让对方难堪；与亲友话别，倾心一笑，情谊融融，意味深长，可以说，微笑是社交成功的催化剂。

（2）微笑能消除误解和隔阂

微笑的魅力，还在于它能拨动对方的心弦，架起友谊的桥梁；又像一双温柔的手臂，伸展它能驱散阴云，消除误解、疑虑和隔阂，"度尽劫波兄弟在，相逢一笑泯恩仇"，眼前一笑皆知己，举座全无碍目人。

（3）微笑能美化自身形象

有位哲人说过，微笑是最美的神态，长得再丑的人，只要一露出真诚的笑容，就会一下子漂亮起来。微笑作为一种美的表情，它不仅是外在形象的表现，而且也反映着人的内在精神状态，有着丰厚的内涵。微笑是心理健康的标志，因为只有心境愉快、开朗坦荡、心地善良的人，才会笑口常开，对人发出真诚的微笑，表示对别人的尊重和友善。微笑是自信的象征，一个奋发进取、乐观向上的人，一个对本职工作充满热情的人，总是微笑着走向生活、走向社会，充满自信的力量。

（4）微笑是一种礼节

人们的交往一般是以微笑开始的，"面带三分笑，礼数已先到"。微笑是善意的标志、友好的使者、礼貌的表示。在人际交往中，微笑是送给他人的最好礼物。无论是熟人相见还是萍水相逢，只有慷慨大方地把微笑适时适度地奉献给对方，才会使之感受到待之以礼的盛情和美意。微笑在各种人际交往中，是不可缺少的对人表示尊敬、友善、欢迎和赞美的表情语言，是不要翻译的"世界通用语"。因而可以说，微笑是礼仪的基石，也是一个人礼仪修养的展现。

2）服务行业的微笑

微笑服务是服务人员最基本的礼仪要求。微笑的核心在于笑。所谓笑，即人的面部呈现出愉快、欢乐的神情。由此可见，笑以愉快、欢乐为主要特征，所以正常的笑容常被人们称作欢笑。古人云："没有笑颜不开店。"世界上不少著名的企业家深谙微笑的作用，对微笑给予了很高的评价，奉其为企业的法宝与成功之道。

微笑的内涵如下。

① 创造和谐融洽的现场气氛。在服务岗位以微笑面对顾客，可以创造出一种和谐融洽的现场气氛，感染对方，使其倍感愉快和温暖。

② 可以消除隔阂。微笑是友谊之桥。"举手不打笑脸人"和"相逢一笑泯恩仇"讲的就是微笑所具有化干戈为玉帛的作用。在一般情况下，当人与人之间产生纠葛时，一方若能以微笑面对另一方，往往便不会进一步激化矛盾。在服务行业，服务工作中工作人员能这样做，有时还可以大事化小，小事化了，使双方矛盾或误解冰消雪融。

③ 可以获取回报。微笑是人际交往中的润滑剂，微笑是世界各民族领会最好的一种情感，在国际惯例中，微笑普遍的含义是接纳对方，热情友善。服务人员在工作中若能以微笑开始，以微笑结束，必然会赢得赏识，获得良好的服务效果。

④ 有益身心健康。微笑不仅可以悦人，而且可以益己，俗话说："笑一笑，十年少；愁一愁，白了头。"笑口常开的人，给社会、给自己一种积极的心理暗示，并使自己生活得健康、开心、快乐。

3）服务行业微笑的规范要求

（1）必须掌握微笑动作要领

一要额肌收缩，眉位提高，眼轮匝肌放松；二是两侧颊肌和颧肌收缩，肌肉稍隆起；三要面两侧笑肌收缩，并略向下拉伸，口轮匝肌放松；四要嘴角含笑并微微上提，嘴角似闭非闭，以不露齿或仅露不到半牙为宜；五要面含笑意，但笑容不显著，使嘴角微微向上翘起时，让嘴唇略显弧形；六要注意不要牵动鼻子，不发出笑声。

（2）必须整体配合

除了要注意口形之外，还须注意面部其他部位的相互配合。微笑其实是面部各部位的一种综合运动，并且要注意声情并茂，气质优雅，表现和谐，使眉、眼、神情、姿势能协调行动。整体配合协调的微笑，应当目光柔和发亮，双眼略为睁大；眉头自然舒展，眉毛微微向上扬起，也就是人们通常所说的"眉开眼笑"。

（3）必须力求表里如一

尽管人常说"面含微笑"，实际上微笑并非仅只挂在脸上，而是需要发自内心，做到表里如一，否则就成了"皮笑肉不笑"；同时，笑更要禁忌假笑、阴笑、冷笑、怪笑、窃笑……所以，必须强调指出，微笑一定要有一个良好的心境与情绪作为前提；否则，将会陷入勉强尴尬而笑的境地。

（4）可以适当借助特殊字、单词的发音口型

我们默念一些词、字而形成的口型，正好是微笑最佳的口型。例如，默念英文单词

Cheese，英文字母 G，或普通话"茄子"及阿拉伯数字"7"等文字和数字时，均可收到一定的效果。

（5）必须兼顾服务场合

微笑服务只是对服务人员的一种总体要求。在具体运用时，还必须注意服务对象的具体情况。例如，在下列情况下，微笑是不允许的：进入气氛庄严的场所时；顾客满面哀愁时；顾客有某种先天的生理缺陷时；出了洋相而感到极其尴尬时。在以上情况，如果面露笑意，往往会使自己陷于十分不利、十分被动的处境。

总之，笑应该是服务人员内心情感的自然流露。上岗前，要求服务人员全力排除一切心理障碍和外界的干扰，全身心地进入角色，从而把甜美真诚的微笑与友善热忱的目光、训练有素的举止、亲切动听的话语融为一体，以最完美的神韵出现在宾客面前。

微笑如图 2-21 所示。

图 2-21 动人的微笑

（图片来源：http://ent.tom.com/xiezhen/lijiaxin/index.php? img_id=106）

◇ 指导书

1. 提出项目任务

（1）教师提出项目名称：组织一次"微笑服务"辩论赛。
（2）学生根据教师提出的项目任务进行讨论，最终确定具体的项目任务。

可以根据具体的课时及教学条件选择适合的项目任务。

2. 明确学习目标

学生根据具体的项目任务，与教师一起讨论本项目的学习目标：
① 能够掌握服务人员在工作岗位上的眼神运用规范；
② 能够掌握服务人员在工作岗位上的微笑技巧；
③ 在服务工作中正确运用表情神态，为服务工作打下良好基础。

3. 相关知识学习

学生与教师一起讨论要完成项目任务所需的相关知识点。由学生对已学过的旧知识进行总结回顾，教师对学生尚未掌握的新知识进行讲授或学习方法的指导。

教师在相关知识学习的过程中应该成为学生选择学习内容的导航者。

4. 制订工作计划

建议本项目采用小组工作方式。由学生制订项目工作计划，确定工作步骤和程序，并最终得到教师的认可。

此步操作中，教师要指导学生填写项目计划书（项目计划书样式见书后附录A）。

5. 实施工作计划

学生确定各自在小组中的分工以及合作的形式，然后按照已确立的工作步骤和程序工作。

在实施工作计划的过程中，教师是学习过程的咨询者和参谋。教师应从讲台上走下来，成为学生的学习伙伴，解除不同特点的学生遇到的困难和疑惑并提出学习建议。

项目实施过程中，教师要指导学生填写小组工作记录（小组工作记录样式见书后附录B）。

6. 成果检查评估

先由学生对自己的工作结果进行展示，再由教师对工作成果进行检查评分。师生共同对项目工作中出现的问题进行分析，找出解决问题的办法，为今后的项目学习打好基础。

◇ 评价标准与评价表

1. 评价标准

评价项目	评价标准	分值
注视的部位训练	1. 注意对方的双眼。表示自己对对方全神贯注，在问候对方、听取诉说、征求意见、强调要点、表示诚意、向人道歉或与人道别时，都应注意对方的双眼，但时间不宜过长，一般以3～6秒时间为宜 2. 注视对方的面部。最好是对方的眼鼻三角区，而不要聚集于一处，以散点柔视为宜 3. 注视对方的全身。同服务对象相距较远时，服务人员一般应当以对方的全身为注视点，尤其是站立服务时，往往如此 4. 注视对方的局部。服务工作中，须根据实际需要对客人的某一部分多加注视，如在递接物品时应注视对方手部	30分
注视的角度训练	1. 正视对方。在注视他人时与之正面相向，同时还须将上身前部朝向对方，其含义表示尊重对方 2. 平视对方。即在注视他人时，身体与对方处于相似的高度，表现出双方地位平等与本人的不卑不亢 3. 仰视对方。即在注视他人时，本人所处位置比对方低，则需抬头向上仰望对方，可给对方重视信任之感	30分
微笑	嘴角微微向上翘起，让嘴唇略呈弧形，在不牵动鼻子、不发出笑声、不露出牙齿的前提下轻轻一笑	40分

2. 评价表

评价项目	评 价 情 况	分值	分值
注视的部位训练		30 分	
注视的角度训练		30 分	
微笑		40 分	

【项目总结】

本项目的主要内容：
① 服务人员在工作中的站姿、坐姿、蹲姿等静止仪态应注意的规范要求；
② 服务人员基本行进姿态、特例行进姿态等仪态规范要求；
③ 服务人员在工作中应注意手势仪态规范，了解常用手势、错误手势；
④ 服务人员在服务过程中的眼神、微笑等面部表情规范。

仪态即人的举止动作、神态表情和相对静止的体态，服务人员在岗位上通过规范的站姿、优雅的坐姿、正确的步姿、恰当的手势和微笑的表情来表达对服务对象的尊敬。本项目着重通过对仪态的规范要求及相应的训练方法，使服务人员能够在服务对象面前保持优美的体态并展示良好的气质。

【综合实训】

技能训练：服务人员服务仪态训练

1. 训练目的

为各项服务工作打下基础。

2. 训练准备

准备一间形体训练室，四面墙面安装长度及地的镜子，能从头到脚地照到参训人员，准备桌子、椅子若干张；每位参加训练的学生准备一面小镜子。

3. 训练方法

（1）站姿训练

① 按照标准训练站姿，可以靠墙训练，后脑勺、双肩、臀部、小腿及脚后跟都紧贴墙壁站立；也可两人一组，背靠背站立。

② 配轻音乐，训练 7 种站姿。

（2）行姿训练

① 配乐（进行曲）进行行姿训练；前行步，后退步，侧行步，前行转身步，后退转

身步。

② 在地上画直线，头顶书本，脚穿高跟或半高跟皮鞋（女生）踩线行走练习。

(3) 坐姿训练

① 对所学的几种坐姿，每次训练坚持 20 分钟左右，配有轻松优美的音乐，以减轻疲劳。

② 在日常生活中训练。如在乘车时、在上课时、在伏案看书写字采用坐姿时，都可按照以上标准坐姿要求进行训练，不放过每一次时机，久而久之，优美的坐姿便形成了习惯。

(4) 眼神的训练

注意要点如下。

① 客人沉默不语时，不要盯着客人，以免加剧对方不安的尴尬局面。

② 服务人员在工作岗位上为多人提供服务时，通常要巧妙地运用自己的眼神，对每一位服务对象予以兼顾。既要按照先来后到的顺序对先来的客人多加注视，又要同时以略带歉意、安慰的眼神去环视一下等候在身旁的其他客人，这样既表现出善解人意与一视同仁，又可以让后到的客人感到宽慰，使其不产生被疏忽、被冷落的感觉。

③ 服务人员在注视客人时，视觉要保持相对稳定；即使需要有所变化，也要注意自然，切忌对客人上上下下、反反复复地进行大量扫视，以免使客人感到被批评。

④ 在服务过程中，要特别注意不能使用向上看的目光，这种目光给人以目中无人、骄傲自大的感觉；更不能东张西望，给人以缺乏教养、不懂得尊重别人的印象。

(5) 微笑训练

注意要点如下。

① 微笑的要领。面含笑意，但笑容不可太显著。

② 要做到目光柔和发亮，双眼略为睁大，眉头自然舒展，眉毛微微向上扬起。

③ 微笑时要力求表里如一。微笑并非只挂在脸上，而是需要发自内心，做到表里如一，否则就成了"皮笑肉不笑"。微笑一定要有一个良好的心境与情绪作为前提，否则将会陷入勉强尴尬而笑的境地。

④ 微笑须兼顾服务场合。如在下列情况下，微笑是不允许的：进入气氛庄严的场所时；顾客满面哀愁时；顾客有某些先天的缺陷时；顾客出了洋相而感到极其尴尬时。

在上述情况下，如果面露微笑，往往会使自己陷于十分不利、十分被动的处境。

项目 3

服务服饰礼仪

 【项目目标】

◇ **知识目标**

1. 熟悉服务人员在穿着正装、西装及女士套装时的基本规范要求；
2. 理解服务人员在选择饰物及用品时的规范；
3. 掌握服务人员在选择装束时的规范技巧。

◇ **技能目标**

1. 具备根据不同服务工作岗位的要求选择服务服饰的能力；
2. 能够具有根据服务工作岗位的要求对服饰进行选择、搭配的熟练操作能力。

子项目 3.1 正装选择礼仪

◇ **新任务** 服务人员服装设计大赛。

1. 设计服务人员的服装（男女各一款）；
2. 制作设计图样（电子稿）；
3. 挑选服装展示的模特，并进行服装展示训练；
4. 参加服装设计大赛，并对设计的作品进行展示。

◈ **知识点**

3.1.1 基本要求

要使正装在服务工作之中发挥其应有的作用，服务人员在自己的工作岗位之上身着正装，尤其是身着正规的制服时，必须要在以下四个方面加以特别的注意。

1. 制作精良

服务人员所身着的正装，通常体现了本服务行业及本服务单位的服务特色，有时它还是服务品牌的象征，因而它往往是组织形象的重要标志。在本单位财力、物力允许的前提下，为服务人员统一制作的正装，务必要力求精益求精，好上加好。只有这样，才有可能发挥其正常作用；否则，如果为服务人员统一制作的正装过于粗劣，或是令人不堪入目，反而是劳民伤财，多此一举。

要确保正装的制作精良，一般要求服务单位及其具体经办人员必须切记以下三点。

（1）选择优良的面料

正装的面料以纯毛、纯棉、纯麻等天然纤维面料最为理想。高比例含毛、含棉或含麻的混纺面料，因其耐折耐磨、价格较为低廉，可予以考虑；而纯化学纤维的面料，一般都是吸湿透气效果差，并且不耐折、不耐磨，在室内比较干燥的情况下，还容易产生静电，所以不应当成为正装面料之选。

（2）设计适当的款式

一般来讲，在设计服务人员的正装，尤其是制服时，应当主要兼顾四条：一是要适应员工的工作特点；二是要充分展示全体员工积极进取、奋发向上的精神风貌；三是要努力体现本单位的企业形象；四是要尽量与众不同。

（3）进行精心的缝制

正装制作的精良与否，往往与其能不能被精心缝制，有着很大的关系。具体而言，就是要求制作好了的正装针脚严密，针线直正，表面平展，左右对称，纽扣钉牢，拉锁完好，领、袖之处不能起泡。

2. 外观整洁

服务人员身着美观、整洁的服饰，不仅能让服务对象看了赏心悦目，还能使服务人员增添对服务工作的信心。

要保证正装的外观整洁，服务单位与服务人员应当同心协力做好以下5个方面的工作。

（1）保证正装无褶皱

服务人员在穿着正装前，要进行熨烫；在暂时不穿时应认真把它悬挂起来。若是平时对其不熨不烫，脱下之后随手乱丢，使之皱皱巴巴，定然使其十分难看。

（2）保证正装不出现残破

服务人员如果穿着外观有明显残破的正装，如其被挂破、扯烂、磨透、烧洞，或纽扣丢失等，则极易给人以很坏的印象。在外人眼里，这不但是工作消极，敷衍了事，而且也绝无爱岗敬业、恪尽职守的精神可言。

（3）保证正装无污渍

服务人员在工作之中难免会使自己身着的正装沾染上一些污渍。例如，油渍、泥渍、汗渍、雨渍、水渍、墨渍、血渍等。这些污渍，往往会给人以不洁之感，有时甚至还会令人产生其他联想，必须及时清洗干净。

（4）保证正装不沾有脏物

与遍布污渍相比，正装上沾有脏物，往往会造成更大的负面影响。当正装上沾有脏物且显而易见时（如沾有灰垢、泥块、木屑、饭粒)，对于服务对象的视觉影响力甚至会更大。

（5）保证正装无异味

正装充满异味，如汗酸、体臭等，属于一种"隐形"的不洁状态。它表明着装者疏于换洗服装。在某些情况下，特别是当服务人员需要为他人进行近身服务时，若浑身上下异味袭人，则会让服务对象感到不悦。

除此之外，服务单位还应建立健全必要的规章制度。由服务单位统一规定服务人员正装换洗的具体时间，如每日一换、三日一换或一周一换，并且单位负责服装的洗涤。同时，还要任命专人负责检查，凡不合要求者，不仅需要批评，而且还要予以一定处罚。

3. 文明着装

服务人员的正装务必要讲究文明着装。正装穿着雅观，是对服务人员的一项最基本的要求。根据服务礼仪的基本规定，服务人员在身着正装上岗时要使之显示出自己文明高雅的气质，需要避免在穿着正装时触犯下述四个方面的禁忌。

（1）忌过分裸露

服务人员在工作岗位上穿着的正装，不宜过多地暴露身体。一般来说，凡可以展示性别特征、个人姿色的身体部位，或者令人反感、有碍观瞻的身体隐私部位，均不得在身着正装时有意暴露在外。胸部、腹部、背部、腋下、大腿，是公认的身着正装时不准外露的五大禁区。在特别正式的场合，脚趾与脚跟同样也不得裸露。

（2）忌过分透薄

如果身着的正装过于单薄或透亮，弄不好就会让自己的内衣甚至身体的要害部位"公之于众"，使人十分难堪。女性服务人员尤其需要高度重视这一方面的问题，否则会使服务对象产生某种错觉，甚至可能会引火烧身，无意之中还可能受到轻薄之徒的"性骚犹"。

（3）忌过分瘦小

一般来说，服务人员在工作中所穿着的正装，肥瘦大小必须合身。正装若是过于肥大，会显得着装者无精打采、过于随意、懒散；正装若是过于瘦小，不仅会让人觉得拘谨、小气和不自然，还会给工作带来很多不便。特别是女性服务人员如果正装过于瘦小，会使得自己凹凸毕现，甚至连内衣的轮廓也凸显在外。这种做法，未免过于招摇。

（4）忌过分艳丽

服务人员在选择正装时，服装的色彩种类尽量要少，在突出企业形象的同时还要注意色彩及图案的使用。色彩少会显得庄重典雅，色彩多则容易给人以轻薄、浮躁之感，有损企业形象。通常最保险的做法是,服务人员所选择的正装的颜色应多采用中性、调和的颜色,而应尽量避免过于艳丽和夸张的色彩。

4. 穿着得当

要求广大服务人员在身着正装时必须注意穿着得当,就是说规定他们不但要身穿正装,还要把正装穿好。广大服务人员要穿好正装,有两大问题应予重视。

(1)必须按规定穿着正装

要求全体员工必须身着正装上岗的服务单位,在这一方面通常都会有许多详尽的规定。例如,什么时候应当穿正装,穿正装时有何具体注意事项,等等。对于这一类规定,服务人员应当严格遵守。

在一个按规定统一着装,尤其是要求员工身着制服上岗的服务单位里,假如个别员工不穿正装,或者不按有关规定着装,那么除说明其自身目无法纪之外,往往还意味着其所在的单位管理不严。所以服务单位一定要有令必行,既然规定了全体员工统一着装,就要严格督促检查,不允许任何人有所例外。

(2)必须自觉地穿好正装

所谓穿好正装,在这里特指在穿着正装时,必须遵守约定俗成的穿着方法。如果做不到这一点,还不如不穿正装为妙。

 **粘贴板**

有趣的实验

行为学家迈克尔·阿盖尔曾做过实验,他本人以不同的装扮出现于同一地点,结果却截然不同:当身着西装的他以绅士模样出现时,无论走向他问路还是问时间的陌生人,大多彬彬有礼,这些人看似属上流阶层,颇有教养;而当迈克尔扮成无业游民时,接近他的人以流浪汉居多,或者来对火或者来借钱。

资料来源:刘小清. 现代营销礼仪. 大连:东北财经大学出版社,2002.

3.1.2 西装的穿着规范

西装是最为常用的男士正装。这主要是因为西装具有其他服饰所不具备的特色——挺括。传统上,我们总是把穿着挺括的人看成是彬彬有礼者。从这个角度上讲,男性服务人员身着西装是对服务对象敬重的表示。下面主要介绍西装的穿着方法。

1. 西装的选择

(1)西装的外套必须合体

合体的西装外套要求:上衣过臀部;手臂伸直时,袖子的长度应达到手心处;领子应紧贴后颈部；衬衫的领子应露出西装上衣领子约半寸；衬衫的袖口应长出外衣袖口约半寸。

（2）西裤的选择

西裤的腰围应是裤子穿好拉上拉链、扣好裤扣后，裤腰处能正好伸进一只五指并拢的手掌。西裤穿好后，裤脚的下沿正好触及地面，并确保裤线的笔直。

（3）衬衫的选择

配西装的衬衫最正规的是白色无花纹衬衫，另外也可配浅色的、细条子或细格子花纹的衬衫。大小合适的衬衫领子应是以扣上衬衫领子扣以后还能自由插进自己的一个食指为标准。衬衫袖子的长度与领子的高度都应比西装上衣的袖子稍长、稍高。

（4）领带的选择

领带的款式、颜色应与西装和衬衫的颜色相协调。服务人员的领带主要是为了使整个服饰看起来更为庄重、严肃，因此，素色无花纹的领带是比较好的选择。若西装里穿羊毛背心，则应将领带放在背心里面。服务人员在穿着西装时最好夹上领带夹。因为，它使整个服饰穿着显得更规范，也使服务人员显得更谦恭。领带夹应以美观大方为好，不宜过于花哨。

工具箱

领带的系法

常见的领带系法如图3－1所示。

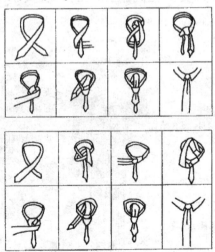

图3－1 领带的系法

图片来源：北京市教育委员会编．礼仪．北京：同心出版社，2003．

（5）鞋与袜子的选择

穿西装时一定要穿皮鞋，皮鞋的颜色一般应与西装的颜色相近，配深色的西服以黑色皮鞋为最好。袜子的颜色应与皮鞋的颜色相近，或者是西装颜色与皮鞋颜色的过渡色。

2. 西装的穿着要领

① 西装要干净、平整，裤子要熨出裤线。

② 穿西装，衬衫领头要硬扎挺括，要保证七八成新。衬衫更要十分清洁，内衣要单薄，衬衫里一般不要穿棉毛衫，如果穿了，则不宜把领圈和袖口露在外面。天气较冷，衬衫外可穿羊毛衫，但只可穿一件。衬衫的下摆要均匀地塞在裤内。

③ 穿单排扣的西装可以不系扣，但服务人员在正规场合需系扣时，可系风纪扣或系一个扣。把扣子都系上，其实并不符合西装穿着规范。

④ 为保证西装不变形，上衣袋只作为装饰。裤兜也与上衣袋一样，不可装物，以保证裤形美观。

⑤ 无论是衣袖还是裤边，皆不可卷起。

⑥ 皮鞋一定要上油擦亮。

 **工具箱**

男员工在岗上西装的穿着要求

男士西装穿着示范见图3-2。

图3-2 男士西装穿着图

图片来源：曾文旭. 员工培训操作大全. 广州：南方日报出版社，2003.

粘贴板

里根的出访服饰有争议

1983年6月，美国前总统里根出访欧洲回国时，由于他在庄重严肃的正式外交场合没有穿黑色礼服，而穿了一套花格西装，引起了西方舆论一片哗然。有的新闻媒介批评里根生性极不严肃、缺乏责任感，与其演艺生涯有关；有的新闻媒介评论里根自恃大国首脑、狂妄傲慢，没有给予欧洲伙伴应有的尊重和重视。

资料来源：刘小清. 现代营销礼仪. 大连：东北财经大学出版社，2002.

3.1.3 女士套裙的穿着规范

1. 女士套裙的选择

（1）上衣与裙子的选择

套裙的面料应以素色、无光泽为好。上衣和裙子的面料与颜色应相同。上衣袖子一般应到手腕，裙子长度应触及小腿。即使是比较随便的套裙，其上衣也应有袖子（至少是短袖，而不应是无袖），裙子长度应到膝盖。

（2）衬衫的选择

衬衫的颜色以白色为主。

（3）内衣的选择

在穿着套裙时，按惯例，穿西装时亦须对同时所穿的内衣慎加选择，并注意其穿着之法。

内衣应当柔软贴身，并且起着支撑和烘托女性线条的作用。选择内衣时，最关键的是要使之大小适当，既不能过于宽大晃悠，也不能过于窄小夹人。

穿上内衣以后，不应当使它的轮廓一目了然地在套裙之外展现出来。不然，就很有可能使自己为他人所蔑视。

（4）衬裙的选择

衬裙，特指穿在裙子之内的裙子。穿套裙时，尤其是穿丝、棉、麻等薄型面料或浅色面料的套裙时，假如不穿衬裙，就很有可能会使自己的内裤为外人所见。

（5）鞋袜的选择

鞋袜在与套裙搭配穿着时，其款式有一定之规。与套裙配套的鞋子，宜为高跟、半高跟的船式皮鞋或盖式皮鞋。系带式皮鞋、丁字式皮鞋、皮靴、皮凉鞋等，都不宜采用。袜子最好是肉色的高统袜与连裤袜。因为肉色最正统，最没有个性，因而也最适合服务人员。中统袜、低统袜，绝对不宜与套裙同时穿着。

2. 套裙的穿着方法

女性服务人员在穿着套裙时，需要注意的主要问题有以下几点。

（1）穿着到位

在穿套裙时要注意：上衣的领子要完全翻好，衣袋的盖子要拉出来盖住衣袋；不允许将上衣披在身上，或者搭在身上；裙子要穿着端端正正，上下对齐。按照规矩，服务人员在穿套裙时，上衣的衣扣必须一律全部系上，不允许将其部分或全部解开，更不允许当着别人的面随便将上衣脱下。

（2）衬衫

穿衬衫时，须注意下述事项。一是衬衫的下摆必须掖入裙腰之内，不得任其悬垂于外，或是将其在腰间打结。二是衬衫的纽扣要一一系好。除最上端的一粒纽扣按惯例允许不系外，其他纽扣均不得随意解开。在他人面前露出一抹酥胸，乃是不雅之态。三是衬衫在公共场合不宜直接外穿。

按照礼貌，不可在外人面前脱下上衣，直接以衬衫面对对方。身穿紧身而透明的衬衫时，特别须牢记这一点。

（3）衬裙

穿衬裙时，有两条主要的注意事项：一是衬裙的裙腰切不可高于套裙的裙腰，从而暴露在外；二是应将衬衫下摆掖入衬裙裙腰与套裙裙腰二者之间，切不可将其掖入衬裙裙腰之内。

（4）鞋袜

穿套裙时，鞋袜有下列四点需要注意。

① 鞋袜应当完好无损。鞋子如果开线、裂缝、掉漆、破残，袜子如果有洞、跳丝，均应立即更换，不要打了补丁再穿。

② 鞋袜不可当众脱下。有些女士喜欢有空便脱下鞋子，或是处于半脱鞋状态。还有个别人经常将袜子脱下去一半，甚至当着外人的面脱去袜子。此类做法，都是极其有失身份的。特别是服务人员，这样做会更显不雅。

③ 袜子不可随意乱穿。不允许同时穿两双袜子，也不许将健美裤、九分裤等裤装当成袜子来穿。

④ 袜口不可暴露于外。袜口即袜子的上端，根据服务礼仪规范的要求，穿套裙时要求在裙子下摆和袜口之间不能露出一截皮肤，也就是说，任何时候的任何姿势（无论是站着、坐着或蹲着）都应确保袜口始终在裙子下摆里面。在工作过程中，如出现袜口下滑的情况，应及时加以处理，但应注意不要在服务对象面前堂而皇之地拉袜子，这既不雅观也不尊重服务对象。女性服务人员还应当在穿开衩裙时注意，即使在走动之时，也不应当让袜口偶尔出

现于裙衩之处。

应当说明的是，在一些特定的情况下，工作之中的服务人员有时也可身着便装。主要有以下三种情况：一是在销售便装时，销售便装者可以身着便装，充当模特，以身示范；二是工作性质较为特殊，身着正装多有不便时；三是服务单位统一将某种便装规定为本单位的正装。这样一来，便装实际上就无形之中转化为正装，而不再是其本来意义上的便装了。

如果没有上述几种特殊情况，为谨慎起见，服务人员在工作时，最好还是不要自作主张地身着便装为妙，当本单位没有统一向服务人员下发正装而又规定上班必须身着正装时，更要在这一方面加以注意。

 工具箱

女士在服务工作中的套裙穿着要求

女士套裙穿着示范图见图3-3。

图3-3 女士套裙穿着图

图片来源：曾文旭. 员工培训操作大全. 广州：南方日报出版社，2003.

 **粘贴板**

裙裤的麻烦

郑小姐在国内的一家公司里工作。有一次,上级派她代表公司前往南方某城市去参加一个大型的外贸商品洽谈会。为了给外商留下良好印象,郑小姐在洽谈会上专门穿上了一件粉色的上衣和一条蓝色的裙裤。然而,正是她新穿的这身服装,使不少外商对她敬而远之,甚至连跟她正面接触一下都很不情愿。

问题原来在于,国外商界人士的着装一向讲究男女有别。崇尚传统的商界人士一直坚持认为:在正式场合穿裤装的女性,大都是不务正业之徒。换言之,商界女士在正式场合的着装,唯独以裙装为佳,各种裤装都是不宜选择的。

资料来源:刘小清. 现代营销礼仪. 大连:东北财经大学出版社,2002.

◇ 指导书

1. 提出项目任务

(1)教师提出项目名称:服务人员服装设计大赛。
(2)学生根据教师提出的项目任务进行讨论,最终确定具体的项目任务。
可以根据具体的课时及教学条件选择适合的项目任务。

2. 明确学习目标

学生根据具体的项目任务,与教师一起讨论本项目的学习目标:
① 能够掌握服务人员在工作岗位上的正装选择及穿着规范;
② 能够掌握服务人员在工作岗位上的西装穿着规范;
③ 能够掌握女性服务人员在工作岗位上的套装的穿着技巧。

3. 相关知识学习

学生与教师一起讨论要完成项目任务所需的相关知识点。由学生对已学过的旧知识进行总结回顾,教师对学生尚未掌握的新知识进行讲授或学习方法的指导。
教师在相关知识学习的过程中应该成为学生选择学习内容的导航者。

4. 制订工作计划

建议本项目采用小组工作方式。由学生制订项目工作计划,确定工作步骤和程序,并最终得到教师的认可。
此步操作中,教师要指导学生填写项目计划书(项目计划书样式见书后附录A)。

5. 实施工作计划

学生确定各自在小组中的分工以及合作的形式,然后按照已确立的工作步骤和程序工作。
在实施工作计划的过程中,教师是学习过程的咨询者和参谋。教师应从讲台上走下来,成为学生的学习伙伴,解除不同特点的学生遇到的困难和疑惑并提出学习建议。

项目实施过程中,教师要指导学生填写小组工作记录(小组工作记录样式见书后附录B)。

6. 成果检查评估

先由学生对自己的工作结果进行展示,再由教师对工作成果进行检查评分。师生共同对项目工作中出现的问题进行分析,找出解决问题的办法,为今后的项目学习打好基础。

◇ 评价标准与评价表

1. 评价标准

服务人员着装评价标准表

评价项目		评价要求	评 价 标 准
正装的穿着		1. 制作精良	(1) 选择优良的面料 (2) 设计适当的款式 (3) 进行精心的缝制
		2. 外观整洁	(1) 保证正装无褶皱 (2) 保证正装无残破 (3) 保证正装无脏物 (4) 保证正装无污渍 (5) 保证正装无异味
		3. 文明着装	正装穿着雅观,避免出现四个方面的禁忌: (1) 忌过分裸露 (2) 忌过分薄透 (3) 忌过分瘦小 (4) 忌过分艳丽
		4. 穿着得当	严格按照各单位的规范要求去做
西装的穿着	西装的选择	1. 西装的外套必须合体	(1) 上衣:过臀部 (2) 手臂伸直时,袖子的长度应达到手心处 (3) 领子应紧贴后颈部 (4) 衬衫的领子应露出西装上衣领子约半寸 (5) 衬衫的袖口应长出外衣袖口约半寸
		2. 西裤要合体	(1) 西裤的腰围应是裤子穿好拉上拉链后、扣好裤扣后,裤腰处能正好伸进一只五指并拢的手掌 (2) 西裤穿好后,裤脚的下沿正好触及地面,并确保裤线的笔直
		3. 衬衫要合适	(1) 衬衫最正规的是白色无花纹衬衫 (2) 衬衫领子应是以扣上衬衫领子扣以后还能自由插进自己的一个食指为标准 (3) 袖子的长度与领子的高度都应比西装上衣的袖子稍长、稍高

续表

评价项目		评价要求	评价标准
西装的穿着	西装的选择	4. 领带要与西装相协调	（1）领带应为素色无花纹的 （2）西装里若穿羊毛背心，则应将领带放在背心里面 （3）服务人员在穿着西装时最好夹上领带夹
		5. 鞋与袜要与西装相配	（1）皮鞋的颜色一般应与西装的颜色相近，配深色的西服以黑色皮鞋为最好 （2）袜子的颜色应与皮鞋的颜色相近，或者是西装颜色与皮鞋颜色的过渡色
西装的穿着	西装的穿着要领	西装的穿着要符合规范要求，服务人员切忌触犯禁忌	（1）西装要干净、平整，裤子要熨出裤线 （2）衬衫领头要硬扎挺括，要保证七八成新 （3）衬衫更要十分清洁，内衣要单薄，衬衫里一般不要穿棉毛衫；如果穿了，不宜把领圈和袖口露在外面。天气较冷，衬衫外可穿羊毛衫，但只可穿一件 （4）衬衫的下摆要均匀地掖入裤内 （5）穿西装可以不系扣，但服务人员在正规场合需系扣时，可系风纪扣或系一个扣。两扣皆系上，其实并不符合西装穿着规范 （6）为保证西装不变形，上衣袋只作为装饰。裤兜也与上衣袋一样，不可装物，以保证裤形美观 （7）无论衣袖还是裤边，皆不可卷起 （8）皮鞋一定要上油擦亮
女士套裙的穿着	女士套裙的选择	1. 上衣与裙子要选择适当	（1）上衣和裙子的面料与颜色应相同 （2）套裙的面料应以素色、无光泽为好 （3）上衣袖子一般应到手腕，裙子长度应及小腿。即使是比较随便的套裙，其上衣也应有袖子（至少是短袖，而不应是无袖），裙子长度应到膝盖
		2. 衬衫及内衣的选择也很重要	（1）衬衫的颜色以白色为主 （2）内衣应当柔软贴身，并且要使之大小适当 （3）穿上内衣以后，不应当使它的轮廓一目了然地在套裙之外展现出来
		3. 衬裙的选择	穿套裙时，尤其是穿丝、棉、麻等薄型面料或浅色面料的套裙时，应当穿衬裙
		4. 鞋袜要与套裙相配	（1）与套裙配套的鞋子，宜为高跟、半高跟的船式皮鞋或盖式皮鞋 （2）袜子最好是肉色的高统袜与连裤袜

续表

评价项目		评价要求	评价标准
女士套裙的穿着	女士套裙的穿着规范	1. 套裙穿着要符合规范	(1) 上衣的领子要完全翻好，衣袋的盖子要拉出来盖住衣袋 (2) 裙子要穿着端正，上下对齐。上衣的衣扣必须一律全部系上，不允许将其部分或全部解开，更不允许当着别人的面随便将上衣脱下
		2. 衬衫的穿着要符合规范	(1) 衬衫的下摆必须掖入裙腰之内，不得任其悬垂于外，或是将其在腰间打结 (2) 衬衫的纽扣要一一系好。除最上端的一粒纽扣按惯例允许不系外，其他纽扣均不得随意解开 (3) 衬衫在公共场合不宜直接外穿
		3. 衬裙的穿着要符合规范	(1) 衬裙的裙腰切不可高于套裙的裙腰，从而暴露在外 (2) 应将衬衫下摆掖入衬裙裙腰与套裙裙腰二者之间，切不可将其掖入衬裙裙腰之内
		4. 鞋袜要穿好	(1) 鞋袜应当完好无损。鞋子如果开线、裂缝、掉漆、破残，袜子如果有洞、跳丝，均应立即更换，不要打了补丁再穿 (2) 鞋袜不可当众脱下 (3) 袜子不可随意乱穿。不允许同时穿两双袜子，也不许将健美裤、九分裤等裤装当成袜子来穿 (4) 袜口不可暴露于外。任何时候的任何姿势（无论是站着、坐着或蹲着）都应确保袜口始终在裙子下摆里面

2. 评价表

服务人员着装评价表

考核项目		考核要求	是否做到	改进措施
正装礼仪		1. 制作精良	□是 □否	
		2. 外观整洁	□是 □否	
		3. 文明着装	□是 □否	
		4. 穿着得当	□是 □否	
西装的着装礼仪	西装的选择	1. 西装外套必须合体	□是 □否	
		2. 西裤的肥瘦、长短合适	□是 □否	
		3. 衬衫的选择合理	□是 □否	
		4. 领带、鞋袜与西装相协调	□是 □否	

续表

考核项目		考 核 要 求	是否做到	改 进 措 施
西装的着装礼仪	西装的穿着要求	1. 西装要干净、整洁，西裤要烫出裤线	□是 □否	
		2. 衬衫要清洁，穿着要符合规范	□是 □否	
		3. 西装的扣子系法要符合要求	□是 □否	
		4. 西装的上衣及西裤的口袋不可装物品	□是 □否	
		5. 衣袖、裤边不卷	□是 □否	
		6. 皮鞋要上油擦亮	□是 □否	
女士套装的着装礼仪	套装的选择	1. 套装的款式、面料选择合理	□是 □否	
		2. 衬衫以白色为主	□是 □否	
		3. 内衣应柔软合体	□是 □否	
		4. 衬裙选择合理	□是 □否	
		5. 鞋袜与套装相配	□是 □否	
	套装的穿着要求	1. 穿着到位	□是 □否	
		2. 衬衫穿着符合规范	□是 □否	
		3. 衬裙穿着合理	□是 □否	
		4. 鞋袜的穿着符合规范要求	□是 □否	

子项目3.2　饰品选择礼仪

◇ **新任务**　组织一次服务人员饰品展示会。

1. 设计服务人员在工作岗位上应佩戴的饰品图样；
2. 收集准备饰品实物；
3. 设计装饰展台，摆放饰品，进行展示。

◇ **知识点**

3.2.1　符合身份

在工作岗位上，服务人员的工作性质主要是服务于人，即一切要以自己的服务对象为中心，尽心竭力地为其提供优质的服务。

既然是要尽心竭力地服务于人，服务人员就必须处理好自己与服务对象之间的相互关系，摆正自己的位置，不可以将自己凌驾于对方之上，也不宜有意或无意地与对方进行攀比。

服务人员所佩戴的饰物不宜过度张扬。工作中，不宜佩戴珠宝饰品。一般而言，珠宝饰品价格昂贵，它更适合在社交场合佩戴。在工作中，服务人员通常只宜选戴简单的金银饰品，而绝对不宜佩戴珠宝饰品或仿真的珠宝饰品，使自己浑身上下珠光宝气，令服务对象产生不满。

3.2.2 以少为佳

服务人员在自己的工作岗位上佩戴饰物时，一定要牢记以少为佳。

服务礼仪规定，服务人员在自己的工作岗位上佩戴饰物时，大可不必以其数量上的优势而取胜。在正常情况下，服务人员讲究的应当是少而精。

之所以这样进行规定，主要存在两个方面的原因。一方面，佩戴饰物时以少为佳，是服务人员的自身身份使然。另一方面，佩戴饰物时以少为佳，也是饰物佩戴的自身规律所提出来的一种要求。饰物佩戴，实际上在具体数量上有其一定的限制。在佩戴饰物时若是对此不管不顾，一味地贪多，则很有可能会直接有损于饰物的装饰效果，不但没有增添任何美感，反而显得杂乱无章。

服务礼仪规定，正在工作之中的服务人员在选择、佩戴饰物时，一般不宜超过两个品种；佩戴某一具体品种的饰物，则不应超过两件。

一般来说，服务人员在其工作岗位上佩戴饰物时可以不佩戴任何一种、任何一件首饰。对于男性服务人员来讲，尤其有必要如此。因为在一般情况下，男性佩戴饰物往往更难为人们所接受。

在有些特殊的工作岗位上，如餐饮服务业，服务人员因工作需要不宜佩戴任何饰物。

3.2.3 区分品种

服务人员在自己的工作岗位上佩戴饰物时，一定要注意区分品种。

在日常生活里，人们所佩戴的饰物有多种多样。目前，最为常见的有戒指、项链、耳环、耳钉、手链、手镯、胸针、发饰、脚链等。

服务人员在其工作岗位上选戴饰物时，因其具有特殊身份的缘故，不可以对上述各种饰物自由地进行选择。所以，当服务人员为自己选戴饰物时，应当对其不同的具体品种，分别予以不同的对待。

1. 戒指

戒指，又称指环。它是一种戴在手指上的环状饰物。除个别特殊的部门，如医疗、餐饮、食品销售部门外，一般服务部门里的从业人员，皆可佩戴戒指。对男性服务人员来讲，戒指可以说是在其工作岗位上唯一被允许佩戴在衣外的饰物。

 **粘贴板**

戒指的佩戴

　　戒指的佩戴方法，不同民族因习惯不同而有所区别。在中国，习惯将戒指戴在左手上，因为左手较少地用于劳作，戒指戴在其间不易碰坏，但今天人们已不再过分强调戒指戴在哪只手上。

　　戒指的佩戴，已形成了一套约定俗成的戴法。它是一种无声的语言，可以反映出佩戴者的婚姻状况。除大拇指外，双手各个手指都可以佩戴，不过戴在不同的手指上有不同的含义。戴在食指上，表示求婚；戴在中指上，表示处在热恋中；戴在无名指上，表示已经订婚或结婚；戴在小指上表示独身，或表示终生不嫁或不娶。

　　在西方国家，戒指很早就作为信物并演化成婚礼戒指。传说左手中指的爱情之脉直通心窝，戒指戴在其上可被心里流出的鲜血浇灌，从而使佩戴者永远保持爱情的纯洁和忠贞不渝。

　　　　　　　资料来源：刘小清. 现代营销礼仪. 大连：东北财经大学出版社，2002.

2. 项链

　　项链，有时又叫颈链。它指的是一种戴于脖颈之上的链状饰物。在其下端，往往还带有某种形状的挂件。在工作之中，一般允许女性服务人员佩戴项链，但一般不宜佩戴过于粗大或是挂件过大的项链。男性服务人员通常在其工作岗位之上不宜佩戴项链。即便佩戴，也只能将其戴在衣内，而不宜令其显露在外。

3. 耳环、耳钉

　　耳环，一般是指戴在耳垂之上的环状饰物。有时，它又名耳坠。通常，耳环被视为最能显示女性魅力的饰物。正因为如此，它宜女性佩戴。但是，女性服务人员在自己的工作岗位上，是不宜佩戴耳环的；男性服务人员不允许佩戴耳环。

　　耳钉，指的多是戴在耳垂上的钉状饰物。与耳环相比，耳钉小巧而含蓄。所以，在一般情况之下，允许女性服务人员佩戴耳钉。

4. 手链、手镯

　　手链，是指戴在手腕上的链状饰物。由于服务人员在工作岗位上动手的机会较多，在手上佩戴手链，既可能使其受损，又可能妨碍自己的工作，故此佩戴手链被公认为不妥。

　　手镯，又叫手环。它指的通常是人们佩戴在手腕上的环状饰物。出于与手链佩戴相似的原因，服务人员在其工作岗位上不宜佩戴手镯。

5. 胸针

胸针，往往又叫作胸花。它一般是指人们佩戴在上衣左侧胸前或衣领之上的一种饰物，男女皆可佩戴。对工作之中的服务人员来讲，佩戴胸针，大多都会被允许。但若被要求佩戴身份牌或本单位证章、徽记上岗，则一般不宜再同时佩戴胸针。不然的话，胸针很可能就会"大出风头"，而令前者"相形见绌"。

6. 发饰

发饰，多是指女性在头发之上所采用的兼具束发、别发功能的各种饰物，常见的有头花、发带、发箍、发卡等。女性服务人员在工作之时，选择发饰应强调其实用性，而不宜偏重其装饰性。通常，头花及色彩鲜艳、图案花哨的发带、发箍、发卡，都不宜在工作之时选用。

7. 脚链

脚链，又叫足链。它指的是佩戴在脚腕之上的一种链状饰物，多受年轻女性的青睐。通常认为，佩戴脚链，可以吸引他人对佩戴者腿部及步态的关注。正因为这一原因，一般不提倡女性服务人员在工作之中佩戴脚链。

除上述几种最为常见的饰品外，现在社会上还流行佩戴鼻环、脐环、指甲环、脚戒指等。它们多为标榜前卫、张扬个性的选择，尚未形成社会主流，所以服务人员在工作之时均不宜佩戴。

3.2.4 协调得体

服务人员在自己的工作岗位上佩戴饰物时，一定要注意协调得体。

在佩戴饰物时，服务人员除去要对以上各点多加注意之外，还应当同时注意掌握一些基本的佩戴技巧。

服务人员在自己的工作岗位上佩戴饰物时，特别有必要谨记并遵守下列三点。

1. 穿制服的要求

穿制服时，一般不宜佩戴任何饰物。在正装之中，制服不仅表示正在工作，而且代表着正统、保守。因此，在穿制服时，尤其是在身穿用于劳作的制服时，服务人员不宜佩戴任何饰物。

2. 穿正装的要求

着正装时，通常不宜佩戴各种工艺饰物。工艺饰物，在此特指那些经过精心设计、精心制作，具有高度的技巧性、艺术性，在造型、花色、外观上别具一格的饰物。一般来说，正装的特色是正统、庄重，不突出个性，所以服务人员在身着正装时通常不宜佩戴工艺饰物，特别是不宜佩戴那些被人们视为另类的工艺饰物，如造型为骷髅、刀剑、异型、女人体的饰品，等等。

3. 协调性的要求

佩戴饰物，不宜彼此失调。服务人员在工作之中佩戴饰物，要力求少而精。如果佩戴两种饰物或两件饰物时，一定要尽力使之彼此协调，相互统一。

在这一问题上，重要的是以下三点：一是要使二者在质地上大体相同；二是要使二者在色彩上保持一致；三是要使二者在款式上相互协调。简而言之，就是要使多种、多件饰物在质地、色彩、款式上统一起来、协调起来。

做到了这三点，饰品的佩戴才可以讲是恰到好处。

◇ 指导书

1. 提出项目任务

（1）教师提出项目名称：组织一次服务人员饰品展示会。
（2）学生根据教师提出的项目任务进行讨论，最终确定具体的项目任务。

可以根据具体的课时及教学条件选择适合的项目任务。

2. 明确学习目标

学生根据具体的项目任务，与教师一起讨论本项目的学习目标：
① 能够掌握服务人员在工作岗位上的饰品选择规范；
② 能够掌握服务人员在工作岗位上的饰品佩戴技巧。

3. 相关知识学习

学生与教师一起讨论要完成项目任务所需的相关知识点。由学生对已学过的旧知识进行总结回顾，教师对学生尚未掌握的新知识进行讲授或学习方法的指导。

教师在相关知识学习的过程中应该成为学生选择学习内容的导航者。

4. 制订工作计划

建议本项目采用小组工作方式。由学生制订项目工作计划，确定工作步骤和程序，并最终得到教师的认可。

此步操作中，教师要指导学生填写项目计划书（项目计划书样式见书后附录A）。

5. 实施工作计划

学生确定各自在小组中的分工以及合作的形式，然后按照已确立的工作步骤和程序工作。

在实施工作计划的过程中，教师是学习过程的咨询者和参谋。教师应从讲台上走下来，成为学生的学习伙伴，解除不同特点的学生遇到的困难和疑惑并提出学习建议。

项目实施过程中，教师要指导学生填写小组工作记录（小组工作记录样式见书后附录B）。

6. 成果检查评估

先由学生对自己的工作结果进行展示，再由教师对工作成果进行检查评分。师生共同对项目工作中出现的问题进行分析，找出解决问题的办法，为今后的项目学习打好基础。

◇ 评价标准与评价表

1. 评价标准

服务人员饰品选择评价标准

评价项目	评价要求	评价标准
饰品佩戴礼仪	符合身份	在工作中,服务人员只宜选戴简单的金银饰品,而绝对不宜佩戴珠宝饰品或仿真的珠宝饰品
	以少为佳	1. 服务人员在工作岗位上可以不佩戴任何饰品 2. 服务人员在选择、佩戴饰物时,一般不宜超过两个品种 3. 佩戴某一具体品种的饰物,不应超过两件
饰品佩戴礼仪	区分品种	1. 戒指:服务人员在工作岗位上,允许佩戴纯金或纯银戒指一枚 2. 项链:服务人员在工作岗位上,允许佩戴纯金或纯银的项链,但链子不可过长,项坠不可过大 3. 耳环、耳钉:在工作岗位上,不允许佩戴耳环,但女性服务人员可以佩戴耳钉 4. 手链、手镯:在服务工作岗位上,服务人员不宜佩戴手链和手镯 5. 胸针:女性服务人员在工作中可以佩戴胸针,但不可与工号牌等同时佩戴 6. 发饰:女性服务人员在岗位上,可以佩戴实用性较强的发饰;但头花以及色彩鲜艳、图案花哨的发带、发箍、发卡,都不宜在上班时选用 7. 脚链:服务人员在工作岗位上,不允许佩戴脚链
	协调得体	1. 穿制服时的要求:不宜佩戴任何饰物 2. 穿正装时的要求:不宜佩戴工艺饰物,特别是不宜佩戴那些被人们视为另类的工艺饰物 3. 协调性要求: ① 要使饰品在质地上大体相同 ② 要使饰品在色彩上保持一致 ③ 要使饰品在款式上相互协调

2. 评价表

服务人员饰品选择评价表

考核项目	考核要求	是否做到	改进措施
饰品佩戴礼仪	1. 符合身份	□是 □否	
	2. 以少为佳	□是 □否	
	3. 区分品种	□是 □否	
	4. 协调得体	□是 □否	

子项目3.3　用品选择礼仪

◇ **新任务**　组织一次服务人员用品图片展览。

1. 设计服务人员工作用品图样；
2. 设计服务人员形象用品图样；
3. 将设计的图样制作成PPT，进行展示；
4. 每组选派一名代表进行讲解。

◇ **知识点**

3.3.1　工作性用品

工作性用品，一般是指服务人员在服务工作中不可缺少的日常用品。它们的最大特点，就是可以辅助服务人员在其服务过程之中发挥各种各样的实际作用。因此，服务人员平时必须对其加以重视。

在服务工作之中，服务人员使用最广泛的工作性用品主要有身份牌、书写笔、计算器、记事簿等。在使用时，应注意其各自不同的具体要求。

1. 身份牌

身份牌，又称姓名牌、姓名卡，简称名牌。它是指服务人员在其工作岗位上佩戴在身上，用以说明本人具体身份的，经由单位统一制作的、有着一定规格的专用的标志牌。在工作岗位上佩戴身份牌，有助于服务人员表明自己的身份，进行自我监督，同时也方便服务对象更好地寻求帮助，或是对其进行监督。

在使用身份牌时，主要有四点注意事项。

（1）规格统一

服务人员所佩戴的身份牌，应当由其所在单位统一负责订制、下发。其基本要求是耐折、耐磨、轻巧。身份牌的色彩宜淡、宜少，其尺寸不应过大或过小。

（2）内容标准

身份牌的具体内容，一般应包括部门、职务、姓名等三项。上述内容，均应打印，而不宜手写。必要时，还可贴上本人照片，以供服务对象"验明正身"。

（3）佩戴到位

凡单位有佩戴身份牌上岗要求者，服务人员必须自觉遵守。佩戴身份牌的常规方法有三：一是将其别在左侧胸前；二是将其挂在自己胸前；三是将其先挂在本人颈上，然后再将它夹在左侧上衣兜上，这是一种"双保险"的做法。除此三种做法外，若无特别的规定，服务人员不宜将其乱戴于他处。随意把它别在帽子上、领子上、裤子上，或是将其套在手腕上，都是不允许的。

(4) 完整无缺

在工作岗位上，身份牌乃是服务人员个人形象的重要组成部分之一。所以在对其进行佩戴时，应认真爱护，保证其完好无损。凡破损、污染、折断、掉角、掉字或涂改的身份牌，均应及时更换，否则会有损形象。

2. 书写笔

在工作之中，服务人员往往需要书写票据等。因此，必须随身携带专用的书写笔。如果在必须进行书写时，找不到笔具，或者赶忙去向他人借用，都是服务人员失职的表现。

在工作岗位上，服务人员最好是同时携带两支笔，并且应当一支是钢笔，另一支则是圆珠笔。提出这一要求，主要是为了使之符合服务工作的实际需要。

钢笔主要是为了便于书写正式的条据。在一般情况下，服务人员随身携带的钢笔还须灌以蓝黑色或黑色的墨水。因为以此两种墨水书写的文本、条据，才显得最为正规。

圆珠笔主要是为了便于自己在工作之中填写各类正规的票据时使用。使用圆珠笔复写票据，不仅容易，而且可以确保字迹清晰。一般应使用蓝色的圆珠笔油。

在通常情况下，不论是书写文本，还是填写各类票据，大都不宜采用铅笔。

服务人员在工作之中随身携带的笔具，最好别在上衣左侧衣袋上，或是别在上衣内侧衣袋上。将其放在裤袋之中，一般并不合适。有时，有些岗位的服务工作为方便使用，服务人员可将圆珠笔以绳、带缚住，挂在脖上后，令其垂于胸前。但是，切不可这样携带钢笔。

3. 计算器

在买卖活动中，价格的计算通常是必不可少的。服务人员在工作必要时，若能够取出随身携带的一个计算器来，既方便必要的计算，又能节省时间。

服务人员携带于身的计算器，不必求其功能齐全，但其数字的位数却应当尽量多一些，以保证计算结果的精确；同时，还应力求计算器小型化。

4. 记事簿

在服务工作中，服务人员如果要真正做到恪尽职守，则凡事就要勤观察，细思量。对广大服务人员来讲，在工作之中有许多重要信息需要记忆在心，如资料、数据、人名、品名、地址、电话、传真、线索、思路、建议等，若没有及时记下这些信息，有时极有可能会耽误自己的工作。

在现实生活里，真正能够过目不忘的奇才毕竟不多。只有随时随地地将需要记忆的重要信息笔录下来，对广大服务人员来讲才是最切合实际的。

应当指明的是，千万不要随手抓到什么东西，便把自己所要记的东西写在上面。将重要的资讯记录在商品上、报纸上、碎纸上、烟壳上、钱币上或者自己的手掌上,不仅容易使之面目全非,而且内容容易丢失;也不要轻易开口向同行或者服务对象讨要可作记录之物,更不要当着外人的面四处乱翻,随便乱撕显得极不正规。

得体的做法是服务人员应当人人郑重其事地为自己准备上一本可以随身携带的小型记事簿。使用记事簿时,特别要注意书写清晰与妥善保存两大问题。千万不要乱记、乱丢,不然就很可能会劳而无功。在进行记录时,最好分门别类,并且定期予以归纳、小结。

3.3.2 形象性用品

形象性用品,又称生活性用品。它在一般情况下是指服务人员用以维护、修饰自我形象时所使用的一些日常用品。通常,服务人员使用最多的形象性用品主要包括纸巾、梳子、化妆盒、擦鞋器等。

1. 纸巾

在日常生活里,人们在用餐、方便之后洗过手,总要将其揩干;咳嗽、吐痰、打喷嚏时,汗流夹背时等,凡此种种时刻,纸巾就成为了一种必备物品。

提倡服务人员人人随身携带一包袋装纸巾。它的优点有两个方面:一方面,它适用面甚广,不论擦手、擦汗还是清除污物,皆可使用;另一方面,它又较为卫生。

服务人员以手帕替代纸巾并不是绝对不可以的。但是,在实际使用中,它重复使用后在卫生方面和外观方面都有不足之处。

切勿以卫生纸或其他纸张替代纸巾使用。它们外观不雅,卫生方面又不达标,当众使用时,往往令人难以接受。

2. 梳子

在维护个人形象方面,头发的整洁与否,往往令人极其关注。因此,服务人员在外出时,最好携带上一把小梳子,以供必要时使用。

随身携带的梳子,最好是置于上衣口袋中。需要注意的是,要保证它的清洁与卫生。携带、使用一把肮脏的梳子,还不如不带、不用为好。

适合为自己梳理头发的时机主要有出门之际、上岗之前、下班之时、脱帽之后等。梳理头发,宜在无人之地进行,切忌在工作岗位上面对服务对象梳头;切勿用手指代替梳子,当众去抓挠自己的头发。

3. 化妆盒

服务人员应当在工作中随时注意维护自己的形象。随身携带化妆盒,这是对经常有必要化彩妆的女性服务人员的一项基本规定。

服务行业的绝大多数女性,在上岗之前,是理应化彩妆的。一旦由于刮风、下雨、出汗、洗脸、用餐、小憩或更衣等缘故，而使自己的妆面受损，应及时予以修补，甚至有必要为自己进行重新化妆。如果听之任之，以残妆示人，对个人形象伤害极大。

服务行业的女性一向讲究自尊自爱，所以在有必要为自己化妆或补妆时，是不可以借用外人的化妆品的。因此，应当养成出门之际尤其是上班之时，随身携带上一只小型化妆盒。它应当既方便，又实用。化妆盒中主要应当包括化彩妆时最常用的唇膏、腮红、眼影、眉笔、粉刷及小镜子等。它们不必面面俱全，但却必须实用。

随身携带的化妆盒，应放于本人所带的手包或提袋之内，一般不宜装入衣袋中。

应当强调的是，使用化妆盒化妆、补妆时，与使用梳子梳理头发时一样，都要避开他人。

4. 擦鞋器

在工作岗位上，身着正装，尤其是身着制服的服务人员，往往会同时配穿皮鞋。脚穿皮鞋之时，它的光洁程度大抵与其完好性是同等的重要。对此，服务人员应予以高度重视。

在穿皮鞋时，应随时保持其光洁如新。一个人所穿的皮鞋，不论是它的鞋面上积满灰尘，还是鞋帮、鞋底上"拖泥带水"，都只能说明他疏于自理，懒惰得过了头。

擦鞋器，是一种集鞋油、鞋擦于一身，可为皮鞋上油、上光，并为之除去灰垢的擦鞋用具。服务人员在脚穿皮鞋时，若是自备一只擦鞋器随身携带，并且在必要情况下使用，即可使自己的皮鞋油光锃亮。

使用擦鞋器擦鞋，也应回避他人进行。每天上班前、外出前等均应注意擦皮鞋。擦鞋时切勿用手指、纸张、手帕、清水或其他布料去擦皮鞋。在外人跟前，尤其不要这么做。

◇ 指导书

1. 提出项目任务

（1）教师提出项目名称：组织一次服务人员用品图片展览。

（2）学生根据教师提出的项目任务进行讨论，最终确定具体的项目任务。

可以根据具体的课时及教学条件选择适合的项目任务。

2. 明确学习目标

学生根据具体的项目任务，与教师一起讨论本项目的学习目标：

① 能够掌握服务人员工作用品的选择规范；

② 能够掌握服务人员形象用品的选择规范。

3. 相关知识学习

学生与教师一起讨论要完成项目任务所需的相关知识点。由学生对已学过的旧知识进行总结回顾，教师对学生尚未掌握的新知识进行讲授或学习方法的指导。

教师在相关知识学习的过程中应该成为学生选择学习内容的导航者。

4. 制订工作计划

建议本项目采用小组工作方式。由学生制订项目工作计划，确定工作步骤和程序，并最终得到教师的认可。

此步操作中，教师要指导学生填写项目计划书（项目计划书样式见书后附录A）。

5. 实施工作计划

学生确定各自在小组中的分工以及合作的形式，然后按照已确立的工作步骤和程序工作。

在实施工作计划的过程中，教师是学习过程的咨询者和参谋。教师应从讲台上走下来，成为学生的学习伙伴，解除不同特点的学生遇到的困难和疑惑并提出学习建议。

项目实施过程中，教师要指导学生填写小组工作记录（小组工作记录样式见书后附录B）。

6. 成果检查评估

先由学生对自己的工作结果进行展示，再由教师对工作成果进行检查评分。师生共同对项目工作中出现的问题进行分析，找出解决问题的办法，为今后的项目学习打好基础。

◇ 评价标准与评价表

1. 评价标准

服务人员用品选择评价标准

评价项目		评价要求	评 价 标 准
工作用品	身份牌	由单位统一制作、统一规格的专用标志牌。员工在工作岗位上必须佩戴	1. 规格统一 2. 内容标准 3. 佩戴到位 4. 完整无缺
	书写笔	服务人员必须随身携带专用的书写笔。倘若在必须进行书写时，找不到笔具，或者急忙去向他人借用，都是服务人员失职的表现	1. 最好是同时携带两支笔，并且应当一支是钢笔，另一支则是圆珠笔 2. 钢笔主要是为了便于书写正式的条据，钢笔还须灌以蓝黑色或黑色的墨水 3. 圆珠笔主要是为了便于自己在工作中填写各类正规的票据时使用，一般应使用蓝色的圆珠笔油 4. 在通常情况下，不宜采用铅笔 5. 随身携带的笔具，最好别在上衣左侧衣袋上，或是别在上衣内侧衣袋上，不宜将其放在裤袋之中。为方便使用，也可将圆珠笔以绳、带缚住，挂在脖上后，令其垂于胸前。但是，切不可这样携带钢笔

续表

评价项目		评价要求	评价标准
工作用品	计算器	服务人员在工作中最好随身携带的一个计算器来，既方便必要的计算，又能节省时间	1. 计算器的功能不必齐全，但其数字的位数应当尽量多上一些，以保证计算结果的精确 2. 要力求使计算器小型化
	记事簿	在工作之中，服务人员应当人人郑重其事地为自己准备上一本可以随身携带的小型记事簿	1. 要注意书写清晰 2. 要妥善保存
形象用品	纸巾	提倡服务人员人人随身携带一包袋装纸巾	1. 不宜用手帕代替纸巾 2. 不宜用卫生纸或其他纸张替代纸巾
	梳子	服务人员在外出之际，都要切记，最好携带上一把小梳子，以供必要时之用	1. 梳子最好是置于上衣口袋之中 2. 要保证梳子的清洁与卫生 3. 梳理头发要注意时机：出门之际、上岗之前、下班之时、脱帽之后，以及其他一切明显感到本人头发有可能蓬乱的时刻 4. 梳理头发，宜在无人之地进行 5. 切勿用手指代替梳子，当众去抓挠自己的头发
	化妆盒	服务行业的女性在有必要为自己化妆或补妆时，是不可以借用外人的化妆品的。因此，应当养成出门之际尤其是上班之时，随身携带上一只小型化妆盒。它应当既方便，又实用	1. 化妆盒应当包括化彩妆时最常用的唇膏、腮红、眼影、眉笔、粉刷及小镜子等。它们不必面面俱全，但却必须实用 2. 随身携带的化妆盒，应置于本人所带的手包或提袋之内，一般不宜装入衣袋之中 3. 使用化妆盒化妆、补妆，与使用梳子梳理头发一样，都要修饰时避开他人
	擦鞋器	服务人员在脚穿皮鞋时，应自备一只随身携带的擦鞋器，以备在必要情况下使用	1. 使用擦鞋器擦鞋，亦应回避他人 2. 切勿随便以其他东西为自己的皮鞋除尘上光。更不要用手指、纸张、手帕、清水或其他布料去擦皮鞋

2. 评价表

服务人员饰物选择评价表

考核项目			考核要求	是否做到	改进措施
用品选择礼仪	工作用品	身份牌	1. 规格统一	□是 □否	
			2. 内容标准	□是 □否	
			3. 佩戴到位	□是 □否	
			4. 完整无缺	□是 □否	
		书写笔	1. 品种齐全	□是 □否	
			2. 佩戴到位	□是 □否	
			3. 颜色正确	□是 □否	
		计算器	1. 品种选择正确	□是 □否	
			2. 力求小型化	□是 □否	
		记事簿	1. 注意书写清晰	□是 □否	
			2. 妥善保存	□是 □否	
用品选择礼仪	形象用品	纸巾	1. 不宜用手帕代替纸巾	□是 □否	
			2. 不宜用卫生纸或其他纸张替代纸巾	□是 □否	
		梳子	1. 梳子应置于上衣口袋之中	□是 □否	
			2. 保证清洁与卫生	□是 □否	
			3. 要注意时机正确	□是 □否	
			4. 应在无人之地进行	□是 □否	
			5. 切勿用手指代替梳子,当众去抓挠自己的头发	□是 □否	
		化妆盒	1. 不必面面俱全,但却实用	□是 □否	
			2. 应置于本人所带的手包或提袋之内	□是 □否	
			3. 修饰避人	□是 □否	
		擦鞋盒	1. 使用应回避他人	□是 □否	
			2. 不用手指、纸张、手帕、清水或其他布料擦皮鞋	□是 □否	

【项目总结】

本项目的主要内容有以下五个。

① 服务人员在穿着正装时应注意规范要求：制作精良、外观整洁、文明着装、穿着得当。

② 西装穿着规范：西装的选择，西装穿着要领。

③ 女士套裙的穿着规范：女士套裙的选择，套裙的穿着方法。

④ 饰物选择及佩戴规范：符合身份，以少为佳，区分品种，协调得体。

⑤ 用品选择规范：工作用品的选择，形象用品的选择。

通过本项目的学习，掌握服务服饰的基本规范要求并能熟练地运用到实践工作中，从而更好地表达对服务对象的尊重，反映服务人员良好的基本素质和修养，进而展示企业良好的精神风貌和管理水平。

【综合实训】

技能训练：服务人员服饰及用品设计。

1. 训练目的：使学生能够熟练运用服务人员服饰规范要求并运用到实际操作中，掌握服饰的选择及搭配技巧，学会系领带，佩戴饰品等方法。

2. 训练准备：西装、领带、衬衫、女士套装、丝袜、皮鞋（男款及女款）、饰品、工作用品、形象用品。

3. 训练步骤。

（1）按照教材提供的内容分组练习，练习内容有服饰搭配、领带的系法、工作用品及形象用品的准备与携带。

（2）学生着装整齐，按要求携带好用品后，按组用标准站姿站好，由教师逐一进行检查评分。

（3）教师对检查结果进行讲评。

项目 4

服务用语礼仪

◎【项目目标】

◇ 知识目标

1. 熟悉服务人员在服务场合的用语规范;
2. 掌握服务场合常用的礼貌用语;
3. 学会服务工作中使用恰当的语气、身体姿态等,以配合服务用语的使用。

◇ 技能目标

1. 具备根据不同服务工作岗位的要求选择使用服务用语的能力;
2. 具有根据服务对象的特点熟练使用服务用语的能力。

子项目4.1 常用礼貌用语

◇ 新任务 进行一次服务行业礼貌用语使用情况社会调查,并撰写调查报告。

1. 分小组对本场区的主要商圈进行调查;
2. 确定商圈内的重点服务企业,进行服务用语使用情况的调查;
3. 将调查结果写成调查报告;
4. 每小组选派代表对调查结果进行发布。

◇ 知识点

在服务岗位之上,准确而适当地运用礼貌用语,是对广大服务人员的一项基本要求,同时也是其做好本职工作的基本前提之一。礼貌用语,对于服务行业而言,是有其特殊界定的。服务人员在其工作岗位上所使用的礼貌用语，主要是指在服务过程中表示服务人员自谦恭敬之意的一些约定俗成的语言及其特定的表达形式。

4.1.1 常用的礼貌用语

在一般情况下，服务人员在与服务对象进行交谈时，经常使用的有"十字"礼貌用语。

1. "您好"

"您好"是向他人表示敬意或关切的问候语。也可以根据不同的时间说"早上好"、"下午好"或"晚上好"等，这些词语同样可以表达"您好"之意。一般而言，通常在主动服务于他人时、他人有求于自己时、他人进入本人的服务区域时、他人与自己相距过近或是四目相对时及自己主动与他人进行联络时使用。

在工作中，应当由服务人员首先向服务对象进行问候。问候语还常常会伴随欢迎语的使用。如"您好，欢迎光临"等。在必要时还须同时向被问候者主动施以见面礼。如注目、点头、微笑、鞠躬、握手等。

工具箱

向多人问候的方法

如果被问候者不止一人时，服务人员对其进行问候时，有三种方法可循。

① 统一对服务对象进行问候，而不再一一具体到每个人。例如，可问候对方："大家好"！"各位午安！"

② 采用"由尊而卑"的礼仪惯例，率先问候身份高者，然后问候身份低者。

③ 以"由近而远"为先后顺序，首先问候与本人距离近者，然后依次问候其他人。当被问候者身份相似时，一般应采用这种方法。恰当地使用"您好"能使服务对象感到亲切温暖。

2. "请"

"请"字是请托语的主要内容。"请"字可以单独使用，也可与其他词搭配使用，并伴以恰当的手势。通常在请求别人做某事时、表示对他人关切或安抚时、表示谦让时、要求对方给予配合时、希望得到他人谅解时，都要"请"字当头。例如，"请稍候"、"请您帮我一个忙"、"请您原谅"等。

3. "谢谢"

"谢谢"是礼貌地表示感激的致谢用语。往往在获得他人帮助时、得到他人支持时、赢得他人理解时、感到他人善意时、婉言谢绝他人时、受到他人赞美时使用。

在使用"谢谢"时,应面带微笑,目光注视对方。致谢应发自内心,决不可流露出丝毫的敷衍,也不要介意服务对象对我们说过"谢谢"后毫无反应,实际上,服务对象内心里已感受到服务人员致谢的诚意。必要时,要解释一下致谢的原因,这样不至于令对方感到茫然和不解。

4. "对不起"

"对不起"是一句重要的道歉语。在工作中,因种种原因而带给他人不便,或妨碍、打扰对方时,服务人员必须及时地向对方表达自己的歉意,最简单的做法,便是向对方说"对不起"。

"对不起"作为道歉用语可以单独使用。如果需要,也可以与其他礼貌用语或其他语句组合在一起使用。"对不起,打扰您了。"

5. "再见"

"再见"是人们在分别时常用的一句告别语,也可根据时间、地点的不同使用其他几句,如"下午见"、"明天见"、"慢走"、"走好"等。说"再见"时应面带微笑,目视对方,如有必要可借助动作进一步表达依依惜别、希望重逢的意愿,如握手、鞠躬、摆手等。

4.1.2 使用礼貌用语时注意的问题

1. 注意说话时的面部表情

服务人员在工作岗位上,在对服务对象使用礼貌用语时,还应注意说话时的面部表情。通常情况下,说话时应面带微笑,目光注视着对方,通过关注的目光与服务对象进行感情的交流。

2. 注意说话时的身体姿态

为了更好地表达对服务对象的尊重,一般服务人员在使用礼貌用语时应起身而立;同时,上身应稍微前倾。通过点头、简短的提问、插话,表达对对方谈话的注意和兴趣。

◇ 指导书

1. 提出项目任务

(1)教师提出项目名称:进行一次服务行业礼貌用语使用情况社会调查,并撰写调查报告。

(2)学生根据教师提出的项目任务进行讨论,最终确定具体的项目任务。

可以根据具体的课时及教学条件选择适合的项目任务。

2. 明确学习目标

学生根据具体的项目任务,与教师一起讨论本项目的学习目标:

① 能够掌握服务人员在工作岗位上经常使用的礼貌用语;

② 能够根据不同的服务岗位及服务对象，选择使用正确的礼貌用语；
③ 熟练使用恰当的语气及身体姿态以配合礼貌用语的使用。

3. 相关知识学习

学生与教师一起讨论要完成项目任务所需的相关知识点。由学生对已学过的旧知识进行总结回顾，教师对学生尚未掌握的新知识进行讲授或学习方法的指导。

教师在相关知识学习的过程中应该成为学生选择学习内容的导航者。

4. 制订工作计划

建议本项目采用小组工作方式。由学生制订项目工作计划，确定工作步骤和程序，并最终得到教师的认可。

此步操作中，教师要指导学生填写项目计划书（项目计划书样式见书后附录 A）。

5. 实施工作计划

学生确定各自在小组中的分工以及合作的形式，然后按照已确立的工作步骤和程序工作。

在实施工作计划的过程中，教师是学习过程的咨询者和参谋。教师应从讲台上走下来，成为学生的学习伙伴，解除不同特点的学生遇到的困难和疑惑并提出学习建议。

项目实施过程中，教师要指导学生填写小组工作记录（小组工作记录样式见书后附录 B）。

6. 成果检查评估

先由学生对自己的工作结果进行展示，再由教师对工作成果进行检查评分。师生共同对项目工作中出现的问题进行分析，找出解决问题的办法，为今后的项目学习打好基础。

附：礼貌用语使用情况调查表

调查项目		标准要求	是否做到	调查评价
常用礼貌用语	"您好"	1. 使用场合正确	□是 □否	
		2. 使用方法正确	□是 □否	
		3. 使用时的面部表情正确	□是 □否	
		4. 使用时的身体姿态正确	□是 □否	
	"请"	1. 使用场合正确	□是 □否	
		2. 使用方法正确	□是 □否	
		3. 使用时的面部表情正确	□是 □否	
		4. 使用时的身体姿态正确	□是 □否	
	"谢谢"	1. 使用场合正确	□是 □否	
		2. 使用方法正确	□是 □否	
		3. 使用时的面部表情正确	□是 □否	
		4. 使用时的身体姿态正确	□是 □否	

续表

调查项目		标准要求	是否做到		调查评价
常用礼貌用语	"对不起"	1. 使用场合正确	□ 是	□ 否	
		2. 使用方法正确	□ 是	□ 否	
		3. 使用时的面部表情正确。	□ 是	□ 否	
		4. 使用时的身体姿态正确。	□ 是	□ 否	
	"再见"	1. 使用场合正确	□ 是	□ 否	
		2. 使用方法正确	□ 是	□ 否	
		3. 使用时的面部表情正确	□ 是	□ 否	
		4. 使用时的身体姿态正确	□ 是	□ 否	

◇ **评价表**

调查报告评价表

评价项目	评价等级				评定等级
	A级（精通）	B级（懂得运用）	C级（有待提高）	D级（无技巧）	
调查报告的内容、组织	内容充实切题，论述中肯客观，有充足的理论支持，能妥善利用图表处理数据和资料，行文流畅易懂	内容充实，表述具体，有论据支持，组织严谨，能善用图表将资料和数据作清晰的表述，行文通顺	内容不够充实，论点缺乏论据支持；组织不够严谨，不能利用图表等分析资料，行文通顺	内容模糊不清，行文不够通顺	
调查报告的设计	版面设计精美，色彩搭配合理，能吸引读者深入阅读	版面设计美观，附有与内容相符的插图及照片	版面设计一般，欠美观	版面设计粗糙，不美观	
陈述内容的表达	能将调查报告的内容简明扼要地表达出来，条理清晰	基本上能将报告内容有条理地表达出来	基本上能将报告内容表达出来，但欠条理	不能将报告内容清晰有条理地表达出来	
陈述者的技巧	声音洪亮，吐字清晰；陈述过程充满信心，与观众沟通及时	音量适中，吐字清晰；与观众有眼神接触	声音较为适中，能够尝试与观众进行沟通	声音较弱，观众听不清，与观众没有眼神接触	

子项目 4.2 文 明 用 语

◇ **新任务** 根据教师提供的服务企业的背景,为该企业设计服务工作中的文明用语。
1. 教师根据本地区服务企业的情况,为学生提供一家服务企业的背景资料;
2. 学生对该服务企业进行实地调查;
3. 根据服务企业实际情况为该企业设计服务用语;
4. 将所设计的服务用语进行发布。

◇ **知识点**

4.2.1 称呼恰当

对服务人员而言,所谓称呼,主要是指自己在接待服务的过程之中,对于服务对象所采用的称谓语。在服务过程中,服务人员对服务对象的称呼是否恰当,不但真实地反映了服务人员个人教养与实际心态,而且还客观地反映出对服务对象的尊重与否。

称呼恰当关键要做到以下几点。

1. 区分对象

区分对象就是要求称呼要符合服务对象的身份,即符合对方不同的年龄、职业、性别,甚至国籍。

(1) 区分国籍

区分对象首先要区分国籍。

一般来说,对外宾要用国际通用的称呼,即对男性称先生,对女性称女士、小姐、夫人。

(2) 区分传统称呼和现代称呼。

一般来说,对于受西方文化影响较多的、比较现代的年轻人可采用西化的称呼,如先生、小姐、女士等;对于比较传统的来自农村的服务对象或年长的服务对象可采用传统称呼,如大伯、大婶、大哥、大姐等。

2. 有主有次

服务人员面对多位服务对象时,称呼对方应当"面面俱到",不能只对其中的几位有所称呼,而对另外的几位则有所疏忽。

需要称呼多位服务对象时,一般的讲究是要分清主次,由主至次,依次进行。需要区分主次称呼他人时,标准的做法有两种:一是由尊而卑,即在进行称呼时,先长后幼,先女后男,先上后下,先疏后亲;二是由近而远,即先对接近自己者进行称呼,然后依次称呼他人。

3. 统一称呼

假如几位被称呼者一起前来,可对对方一起加以称呼,而不必一一具体到每个人。例如,"各位"、"诸位来宾"、"女士们"、"先生们",等等。

4. 严防犯忌

在称呼方面,服务人员有可能触犯的禁忌主要有两类。

(1) 没有称呼

有些服务人员有时不使用称呼,直接代之以"喂"、"哎",如"喂,叫你呢",甚至连这本已非礼的称谓语索性也不用。这一做法,是非常不尊重服务对象的。

(2) 使用不当的代称

有的服务人员以编号或代号称呼服务对象,如"下一个"、"六床"、"五号"等。这样做,也是不礼貌的,有时会引起服务对象的反感。

4.2.2 口齿清晰

口齿清晰,不但是文明用语的基本要求之一,而且也是做好服务工作的先决条件之一。对此,广大服务人员均应予以高度的重视。

服务人员要做到口齿清晰,主要是要在语音标准、语调柔和、语速适中、语气谦恭四个方面合乎服务礼仪的基本规范。

1. 语音标准

语音标准,是语言交际的前提。服务人员在接待服务对象时,语音要规范标准,避免念白字,闹出笑话,影响企业形象。要做到语音标准首先必须使用普通话。普通话是我国法定的现代汉语的标准语言。推广普通话,既是我国的一项基本国策,也是提高服务质量的一项重要措施。我国国土面积广大,人口众多,方言土语极多。在为不同地域的人进行服务时,如果使用方言土语而不讲普通话,就有可能让服务对象听不懂自己的话,甚至会因此而产生一些不必要的误会,从而影响服务质量。

使用普通话还要注意发音正确,吐字清晰。这是提供优质服务的基础。

2. 语调柔和

语调,一般指的是说话时的具体腔调。主要体现在讲话时的语音高低、轻重上。要求服务人员语调柔和,主要是要求服务人员在服务工作中注意音量适中。服务礼仪要求服务人员在与服务对象进行交谈时,在音量方面应当以对方既可以听得清楚,又感觉舒适悦耳为宜。

对服务对象讲话时,服务人员的音量如果过高、过强,就会使自己显得生硬、粗暴,而且还有可能会让对方震耳欲聋,感觉不适;如果服务人员的音量过低、过弱,则又会使自己显得有气无力，因而会令对方感到极为沉闷，甚至还会产生一种被怠慢的感觉。

3. 语速适中

语速，通常指的是讲话时语音的快慢。服务人员在与服务对象交谈时，必须注意保持适当而自然的语速。在交谈之间，还应注意适时地进行必要的停顿。语速过慢或过快，都有可能会被理解为自己感到厌烦，而且也会破坏交谈对象的情绪。

4. 语气谦恭

语气，即人们说话时的口气。在人际交往中，语气往往被人们视为具有某种言外之意，因为它往往会真实地流露出交谈者的某些感情色彩。服务人员在工作岗位上与服务对象交谈时，一定要在自己的语气上表现出热情、亲切、和蔼和耐心。特别重要的是，不要有意无意之间使自己的语气显得急躁、生硬、轻慢和不耐烦。比如说，"抓紧点儿时间"、"快点儿，我还有别的事"、"等会儿"、"别乱动，你赔得起吗"、"知道吗，你"、"听说过没有"等都属于不当的语气。

4.2.3 用词文雅

用词文雅，对于广大服务人员来讲，是服务岗位的要求之一。它有助于实现优质服务，树立良好的自我形象。用词文雅主要包括两个方面的基本要求：尽量选用文雅词语，努力回避不雅之语。

（1）尽量选用文雅词语

主要是要求广大服务人员在与服务对象进行交谈时，尤其是正式交谈时，用词用语要力求谦恭、敬人、高雅、脱俗。这样做，可以展示自己的良好教养。但在使用时应注意切合实际，避免咬文嚼字、词不达意。

例如，在服务工作中以"用饭"代替"要饭"，用"几位"代替"几个人"，用"贵姓"代替"你叫什么"等都属于文雅礼貌的选择。

（2）努力回避不雅之语

主要是指服务人员在与服务对象进行交谈时，不应当采用任何不文雅的词语。其中粗话、脏话、黑话、怪话与废话，则更是在任何情况之下，即使服务对象无礼在先，都不可出于服务人员之口。

1. 不讲粗话

就是不讲骂人的、带有恶意的话。服务人员在工作岗位上服务他人时，不管遇上何种情景，都不允许骂骂咧咧，在口语中夹杂骂人的话。就算是服务对象首先辱骂了自己，也不允许与对方相互对骂。用粗话回击对方的行为则更显粗俗。

2. 不讲脏话

脏话，主要是指庸俗、低级、下流的话语。在服务过程中，服务人员不论自己与对方是同性还是异性，是故旧还是初识，是晚辈、平辈还是长辈，均不得在交谈中讲任何脏话，以免有损形象，引起服务对象的不快，甚至产生误会。

3. 不讲黑话

黑话，通常是指那些为帮会、地痞、流氓、盗匪以及其他黑社会人员在其相互交往中，所专门使用的暗语或含义隐晦的一些话语。从社会角色的角度上来讲，只有涉"黑"之人才会讲黑话，而讲黑话的人则多与黑社会有关。服务人员若是在服务于人时有意对对方讲黑话，不仅会使自己显得匪气满身、身份不明，而且也会令对方心生疑惑或戒心。

4. 不讲怪话

怪话，主要是指牢骚话。在服务工作中，服务人员应尊重服务对象，讲究职业道德，要做到不因为个人的委屈、不满，而当着服务对象的面阴阳怪气，讲怪话，以泄私愤。至于因故对服务对象产生意见，进而指桑骂槐、旁敲侧击，则更是违反服务宗旨的，应予以禁止。

5. 不讲废话

废话，一般是指无用之言、多余之语，或者是在没话找话时所讲的话。服务人员必须牢记，在自己的工作岗位上，不宜主动去找服务对象攀谈与服务内容无关的话题，尤其是不宜主动询问对方的个人隐私问题。如果在工作之中没话找话，大说废话，只能说明自己对于本职工作心不在焉。

 **粘贴板**

词雅语美

要想语汇丰富，就要持之以恒地读书学习。多读书就能使人有知识、懂礼貌，通人情、懂事理；就能使人在交流时语言运用自如，妙趣横生。人际交往中用词要尽量文雅，多用礼貌用语。在一些特定环境中还应掌握一些中国传统的礼仪用语。

好久不见说"久违"，初次见面说"久仰"；
请人原谅说"包涵"，请人批评说"指教"；
请人帮忙说"劳驾"，求给方便说"借光"；
麻烦别人说"打扰"，向人祝贺说"恭喜"；
托人办事用"拜托"，赞人见解称"高见"；
对方来信称"惠书"，老人年龄称"高寿"；
宾客来到用"光临"，中途先走用"失陪"；
请人勿送用"留步"，等候客人用"恭候"。

资料来源：北京市教育委员会. 礼仪. 北京：同心出版社，2003：63.

 **工具箱**

语言简明

语言简明就是要求服务人员在使用服务用语时要注意表达方式做到简单明了，中心要突出，说话的内容要通俗易懂。

1. 简单明了，中心突出

使用服务用语，要使服务对象容易理解、明白，重点要突出。说话啰唆、拐弯抹角，不仅不能讲清用意，还会浪费他人的时间，使服务对象产生不满。

与服务对象交谈的时间不宜过长。重点的内容应该简单地重复，这样不仅表示了对话题的专注，也使对话的重要部分得到了强调，使意思更明白，并且能够减少误会。

2. 内容通俗易懂

服务人员在工作中，应根据服务对象本人的水平和需要，选择通俗易懂的语言，使对方容易明白和接受。在服务过程中，应根据具体情况适度地使用专业术语。对于普通的非专业人士，应尽量减少使用技术性较强的专业术语的频率，最好能将专业术语与非专业术语揉在一起使用。这样，对方既能听得懂，又会对服务人员的业务水平表示信服。

 **粘贴板**

赞 美 语

美国著名心理学家威廉·詹姆斯曾提出："人类本性中最深刻的渴求就是赞美。"每个人都关注自己的容貌、能力、名声、成绩以及在人们心目中的形象，追求来自方方面面的赞美和褒扬，赞美是人们最期望得到的东西了。然而，JR人才调查中心的一份调查报告显示，某个国家每100位才能出众、业务过硬的人士中，就有67位因人际关系不好，使事业严重受挫；而影响人际关系的主要原因是不会赞美别人。美国《幸福》杂志所属的名人研究会对美国500位年薪50万美元以上的企业高级管理人员和300名政界人士进行调查表明：其中93.7%的人认为，人际关系畅通是事业成功的最关键因素，而其中最核心的问题是学会赞美别人。日本东京国民素质研究会曾总结日本战后发展的原因："日本国民的一大优点是，对外人不停地鞠躬，不停地说好话。善于发现别人的长处，善于赞美别人是日本走向世界的一个重要原因。"美国著名作家马克·吐温说，听到一次称赞，可以愉快地生活两个月。

资料来源：北京市教育委员会. 礼仪. 北京：同心出版社，2003：63.

◇ 指导书

1. 提出项目任务

（1）教师提出项目名称：根据教师提供的服务企业的背景，为该企业设计服务工作中的文明用语。

（2）学生根据教师提出的项目任务进行讨论，最终确定具体的项目任务。

可以根据具体的课时及教学条件选择适合的项目任务。

2. 明确学习目标

学生根据具体的项目任务，与教师一起讨论本项目的学习目标：

① 能够掌握文明用语的使用规范要求；

② 能够正确熟练地使用文明用语。

3. 相关知识学习

学生与教师一起讨论要完成项目任务所需的相关知识点。由学生对已学过的旧知识进行总结回顾，教师对学生尚未掌握的新知识进行讲授或学习方法的指导。

教师在相关知识学习的过程中应该成为学生选择学习内容的导航者。

4. 制订工作计划

建议本项目采用小组工作方式。由学生制订项目工作计划，确定工作步骤和程序，并最终得到教师的认可。

此步操作中，教师要指导学生填写项目计划书（项目计划书样式见表后附录A）。

5. 实施工作计划

学生确定各自在小组中的分工以及合作的形式，然后按照已确立的工作步骤和程序工作。

在实施工作计划的过程中，教师是学习过程的咨询者和参谋。教师应从讲台上走下来，成为学生的学习伙伴，解除不同特点的学生遇到的困难和疑惑并提出学习建议。

项目实施过程中，教师要指导学生填写小组工作记录（小组工作记录样式见书后附录B）。

6. 成果检查评估

先由学生对自己的工作结果进行展示，再由教师对工作成果进行检查评分。师生共同对项目工作中出现的问题进行分析，找出解决问题的办法，为今后的项目学习打好基础。

◇ 评价标准与评价表

1. 评价标准

文明用语标准

项目	要求	标准
文明用语	称呼恰当	1. 区分对象 （1）区分内宾和外宾。一般来说，对外宾要用国际通用的称呼，即对男性称先生，对女性称女士、小姐、夫人 （2）要注意区分内宾的传统称呼和现代称呼 2. 有主有次 （1）由尊而卑；　（2）由近而远 3. 严防犯忌 （1）没有称呼；　（2）使用不当的代称
	口齿清晰	1. 语音标准；　2. 语调柔和； 3. 语速适中；　4. 语气谦恭
	用词文雅	1. 不讲粗话 2. 不讲脏话 3. 不讲黑话 4. 不讲怪话 5. 不讲废话
	语言简明	1. 简单明了，中心突出 2. 内容通俗易懂

2. 评价表

文明用语评价表

考核项目	考核要求	是否做到	改进措施
文明用语	1. 称呼恰当	□是　□否	
	2. 口齿清晰	□是　□否	
	3. 用词文雅	□是　□否	
	4. 语言简明	□是　□否	

子项目4.3 电话用语

◇ **新任务**　设计一个工作情境，演示电话用语礼仪。

1. 学生根据任务要求，设计一个工作情境；
2. 学生在设计好的工作情境下，设计通话过程及电话用语；
3. 学生分角色将设计好的工作情境及通话过程进行演示。

◇ **知识点**

4.3.1　通话前的准备

服务人员每次与服务对象的通话都是让服务对象了解、认识服务组织的一次机会。因此，服务人员应很好地利用这一机会向服务对象充分地展示自己的服务品质，从而赢得服务对象的信任和赞同。要做到这些就需要服务人员在通话之前就做好充分的准备，具体包括拨打电话的准备和接听电话的准备。

1. 拨打电话的准备

（1）通话时间的准备

服务人员因公拨打电话时，首先要考虑不要在他人休息的时间之内打电话。每天上午七点之前、晚上十点之后、午休时间、用餐时间和节日、假日都不宜拨打电话。

工具箱

拨打公务电话的技巧

如果是打电话到对方的工作单位，最好不要在星期一或长假后的第一个工作日的上午拨打。因为，这时大多数单位往往有很多重要的事情要处理。另外，也不要在对方快下班或长假前最后一个工作日的下午拨打电话。因为快下班时，大家都急于将手边的事处理完毕。

此外，打电话去偏远地区或国外时，还应当考虑时差等因素。

(2) 通话内容的准备

在与服务对象通话之前，尤其是重要的电话，应当提前对通话内容有所准备，最好是准备好一份通话提纲。这样在正式通话之中，就可以既节约时间与费用，又可以抓住重点，条理分明，不易遗漏。如果准备不充分，在电话交谈时很有可能吞吞吐吐、丢三落四，会给服务对象留下"办事能力低下"的印象，让服务对象听后不得要领，浪费对方的宝贵时间。

(3) 通话地点的准备

因公进行电话通话前，应考虑具体的通话地点。除了要兼顾现有条件之外，还应当在选择通话地点时考虑其他因素。如果通话内容具有保密性，则电话不宜在大庭广众之下拨打，尤其是不宜在外面使用公用电话拨打。另外，尽量不要借用外人或外单位的电话，特别是不宜长时间借用，或者借用其拨打国内、国际的长途电话。

(4) 心理准备

打电话前应保持平静的心境。如果在打电话前遇到一些令人激动或不愉快的事情，那么，在打电话前应当调整一下自己的态度及心情，不要把这些情绪带进通话中，并传给对方，从而给对方留下不良的印象。

2. 接听电话的准备

服务人员在工作岗位上接听电话，通常也需要事先有所准备。对于服务单位与服务人员个人来讲，常规的准备工作主要有以下三项。

(1) 确保畅通

服务单位的电话，尤其是已经对外公布号码的热线电话或服务电话，一定要经常检查。发现故障之后，一定要及时检修。更改号码后，务必要及时对外公布，以确保其畅通无阻。

(2) 专人值守

服务单位对外联络所用的电话，应指定专人负责。在上班时间之内，要确保其随时都有人接听，以免有碍工作。

(3) 预备记录

服务人员在岗位上接听公务电话时，都可能会需要将外来的电话内容全部或部分地记录在案，作为资讯或转达之用。不论具体采用何种记录电话的方法，都应当将必要的工具，如笔、纸、记事板、录音带等，提前一一备好。

4.3.2 通话开始的要求

通话开始的要求分为打电话和接电话两方面。

1. 打电话开始的要求

通话开始，是打电话的第一个阶段。这一阶段，往往会在对方心目中留下重要的第一印象。良好的开端是成功的一半,因此在这个阶段,对于通话双方的主要要求是:问好,自报家门,进行确认。

(1) 问好

当电话拨通并听到对方的声音后,首先应向对方进行问候。问候对方的用语通常是"您好"或是"喂,您好"。不允许张口闭口对对方"喂"个不停,也不宜开门见山地直奔主题而去,连句问候之语都没有。如需要由总机接转电话时,问候对方也是同样必不可少。如果通话对方已率先向自己问好,应立即以相同的问候语回上对方一句。

(2) 自报家门

为了让通话的对方了解自己的身份,通常在问候之后要自报家门。

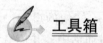 **工具箱**

自报家门的方法

自报家门的方式主要有五种。

一是只报出本单位的全称。

二是报出本单位的全称与自己所在具体部门的名称。

三是报出通话人的全名。它通常用于由专人负责值守的电话,或是专人使用的电话。

四是报出通话人的全名与自己所在的具体部门的名称。它主要适用于内线电话和由总机接转的电话的使用。

五是报出通话人的全名与自己所在单位的全称以及所在具体部门的名称。它大都适用于较为正式的对外电话联络。

(3) 进行确认

如果对方在接电话时并没有自报家门,就应先确认对方的身份。因为,万一自己拨错电话,自报家门就显得没有必要了。具体的做法是:"请问是××单位吗?"或是"请问是××先生家吗"?等得到对方的肯定后,再自报家门。

在自报家门后,拨打方应明确地说出自己想要找的人。语气应是商量和请求的。例如,"麻烦您请×××先生(或女士)接一下电话,好吗?""我可以同×××先生(或女士)通个电话吗?"

有时候可能没有特定的受话人,那就应在自报家门后立即说出自己打电话的目的,以便让对方确定由谁来接听电话。

2. 接电话开始的要求

接电话时的开头主要包括三部分：问候、自报家门、询问对方具体事务。当你拿起电话后，首先应问候对方，然后自报家门；或是先自报家门再问候对方。例如，"您好！×××公司，请问您想找哪个部门"？"×××公司，您好！请问您找谁"？"您好！×××公司，请问您如何称呼"？

4.3.3 通话中的要求

在具体进行电话通话时，虽然不一定能够看到对方，但是彼此之间的现场表现，对方却仍然完全可以感觉得到。

服务人员在进行电话通话时要以礼相待，主要要求服务人员不论是在拨打电话还是在接听电话时，都要对自己的声音与态度进行有意识的控制。

1. 声音清晰

要在通电话时做到声音清晰，主要有五点注意事项。

（1）咬字准确

通话之时如果咬字不准，含含糊糊，自然很难让人听清、听懂。

（2）音量适中

在通话时，音量的高低极为重要。过高的音量，会让人觉得震耳欲聋，这往往是不耐烦的表现。因此，服务人员在电话交谈中，声音不宜过大。一般声调要比平时说话的声调略高，切不可对着电话大喊大叫。但声调也不宜过低，过低的声调不仅会使人听不清楚，还会使人觉得冷淡和缺乏热情。

（3）速度适中

与面对面的交谈相比，进行电话交谈时的速度应当适当地有所放慢，两句话之间应有停顿，以便让对方对你所说的内容有时间去理解、进行思考。如果说到重要的数字、人名、地点或关键性的语句时应重复一遍，或是询问对方是否听清楚了。通话的语速过快，不利于对方理解通话的内容，而且还会给对方造成紧张和压迫感。但是，通话的速度也不宜放得太慢，否则就会给人留下有气无力、勉强应付的感觉。

（4）语句简短

通电话时，双方所使用的语句，务必要力求简练、短小。这样不仅可以节省双方的时间，而且也会有助于声音清晰度的提高。

（5）姿势正确

双方在通话时，均应站好或坐好。不要在通话时随意走动，也不宜将话筒夹在脖子底下或是兼做其他的事情。持握电话的正确姿势，是要用双手将其轻轻握好，听筒靠近耳部约1厘米处，话筒则距离嘴部约有3厘米左右的间隔。电话如果与自己间隔距离不适当，会使声音不够清楚。

2. 态度平和

服务人员在利用电话与他人进行联系时，必须有意识地保持平和的态度。在通话时，服务人员的态度若显得亲近异常，或是过度冷漠，都会令人难以接受。

服务人员在通话时要做到态度平和，在通话时应具体注意好以下两点。

（1）不卑不亢

与他人进行通话，不论双方是否熟悉，关系如何，也不论是人求于我，还是我求于人，服务人员都要以尊重友好的态度去对待对方。既不能妄自尊大，盛气凌人，也不能低三下四，曲意逢迎。

如果是打电话，主动权一般掌握在拨打电话一方的手里。尽管如此，服务人员在拨打电话时也应该注意对方的反应，见机行事，切忌居高临下。若是感觉到对方反应不够积极，可以询问一下对方此时通话是否方便。必要时，可过一会儿再打。如遇电话掉线要迅速再拨，并向对方说明电话中断的原因，否则有自己向对方示威或耍脾气之嫌。

接听外人拨打进来的电话时，一定要积极呼应，切勿表现得漫不经心。当通话无故中断后，要立即放下电话，耐心等候对方再拨进来，并向对方说明电话中断系线路原因所致，免得对方产生怀疑。

（2）不骄不躁

服务人员在工作岗位上与任何人通话时，都要保持冷静的头脑，约束自己的态度。在任何情况下，都不允许在电话上发脾气，训斥他人，甚至对别人恶语相加。在电话上发牢骚、说气话、讽刺或挖苦人，也是不应该的。

 工具箱

电话打错了怎么办？

拨打电话时，万一因为误记、误拨等原因，而将电话打错了地方，在得到确认以后，一定要主动向对方赔礼道歉。不要若无其事地一声不吭，更不宜去向对方发脾气。

如果碰上错打进来的电话，服务人员不能因此对对方大发脾气。有可能时，不妨协助对方核实或查找一下对方所要拨打的电话号码。因故不宜接听他人的电话时，须先向对方道歉并讲明原因，随后再在双方约定的时间里，主动而准时地打电话给对方。请对方过一会儿再打进来的做法，未必适当。

3. 不忘职责

服务人员在工作岗位上打电话时，必须要牢记自己的职责。该打的电话不打，该接的电话不接，该转的电话不转，随意中断通话，或者在通话过程中对对方保持沉默、不理不睬，无论哪一种都是失职的行为。

服务人员在接听电话时，不要有意拖延时间，或是对其存心置之不理。服务礼仪要求，当电话铃声响起之后，应在铃响三次左右及时予以接听。在通话中如请对方稍等，不宜长于1分钟。如因特殊原因不能及时接听电话，就应在拿起听筒后首先向对方表示歉意："对不起，让您久等了。"

4. 内容紧凑

在工作岗位上与人通话，出于对服务对象的尊重，拨打电话的时间切勿过长。一般来讲，每次通话的具体时间，以3至5分钟以内为宜。拨打电话时拖延的时间过长，对于对方是不够尊重的。

在一般情况下，通话时除了互致问候之外，不宜谈论与本意无关的话题。在接打电话时与通话对象东拉西扯地聊天，是一种缺乏个人修养的表现；甚至于当对方对此类内容冷漠时依然我行我素，则更是不恰当的。

如果在通话时无意将其继续下去，一般不宜直言相告。一个巧妙的方法是，可以告诉对方有客人到访，或是有人召唤自己，或是又有另外一个电话打了进来。因为碰上此类情况时，再继续与人通话是失礼的。当然打算这么做时，一定向通话对方道歉，并告诉对方，希望以后有机会再与对方继续畅叙。

5. 主次分明

在相互问好之后，通话双方应立即转入主题。此时，拨打电话的一方应单刀直入地告诉对方因何而拨打电话。有什么事情，有几件事情，应当首先讲得一清二楚。先给对方一个整体印象，接下来再把自己预先声明的几件事情依次叙说一遍，以做到主次分明，有条不紊。

4.3.4 通话结束时的要求

通话结束，是通话的第三个阶段，也是最后的一个阶段。在这一阶段上，通话双方都应当遵守基本的礼仪规范，以便使双方的通话善始善终。在通话结束之时，通话双方应当遵守的具体的礼仪规范，主要涉及以下五个方面。

1. 再次重复重点

在通话即将告终之际，拨打电话的一方在自认为必要的情况下，应将重要的内容简单复述一下，以便确认双方沟通无误。为了避免给对方以烦琐之感，在重复时应多多采用礼貌用语。接听电话的一方，有时也可以这么做。

2. 暗示通话结束

通话的双方尤其是负责中心通话的一方，挂断电话前，应先向通话对象暗示此意。比方说，"您还有什么吩咐"、"那么就这样吧"、"我要讲的就是这些"、"请问还有没有别的事情吗"等等。挂断电话前切勿一言不发，随手猛掷，或者在对方意犹未尽之时，自作主张地戛然而止。

3. 感谢对方帮助

在通话之中，如果自己的请求得到另外一方的满足，或者对方直接给予了自己一定程度的帮助，则应在即将结束通话时，向对方正式地进行一次道谢。

4. 代向他人问候

如果通话双方是旧交，那么双方在结束通话之前，还可以相互问候一下对方的同事或家人。如果长期未曾谋面或通话，则更应当这么做。

5. 互相进行道别

结束通话的最后一句话，应当是通话双方互道"再见"。在任何情况下，这句话都是人们在通话结束之际不可缺少的。

6. 话筒要轻轻挂上

依照惯例，应由通话双方之中地位较高者负责挂断电话；如果双方地位平等，则依照惯例应由拨打的一方首先挂断电话。挂机时还应注意小心轻放，别让对方听到很响的搁机声。

 **工具箱**

如何代接电话

在工作之中，服务人员在接听电话时如果发现对方所要找的人并不是自己，而拨打电话者要找到的人暂时不在现场，在这种情况下，服务人员应一如既往地保持友好的态度去帮助对方；不要语气大变，立即挂断电话；更不要对对方的其他请求一概拒绝。

如果对方要找的人就在附近，应告知对方稍候片刻，然后立即去找。需要注意的是，不要立即大声喊人或是让对方等候过久，也不要直接询问对方与所找之人是什么关系，找他到底有什么事。

如果对方要找的人已经外出，应首先告之对方他要找的人已经外出，然后再去询问对方：来系何人，是否有事需要转达，如有事需要转达，应认真记录下来，并尽快予以转交。如果事关重大，则最好不要再委托他人代劳，以防泄密。也可以明确告诉对方什么时候可以找到他所要找的人，然后请对方留下联系方式，以便相关人员在事后给对方回电话；绝对不能简单地告诉对方"×××不在"或"你过会儿再打来吧"。

如果对方要找的人正在忙于其他事情，不便立即接听，此刻代接电话的人可以以实相告，或者告知他要找的人已暂时外出。随后，可询问对方要不要自己代劳，或者要不要替双方预约个方便的通话时间。

4.3.5 做好电话记录

服务人员在与服务对象或其他人互相通话时，尤其是在接听对方打进来的电话时，经常需要对对方的电话进行必要的记录，用以备忘。在进行电话记录时，除了要选择适当的记录工具之外，更重要的是要力求记好要点内容，并在记完要点之后进行核实。

按照常规，在进行电话记录时，其内容大致上应当包括来电的时间、通话的地点、来电人的情况、电话的主要内容及处理方式等。

做好电话记录之后，一定要精心地加以保管。切勿随手乱扔乱放，从而在需要时难于找到。因此，尽量不要在碎纸或便条上进行重要的电话记录。

对于重要的电话记录，尤其是涉及行业秘密之时，必须要严格地进行保密。在通常情况下，单位专用的电话记录簿须由专人负责保管。不准将其广为传阅，或者随意向外界披露。其他服务人员，未经允许，不得随意翻阅本单位专管专用的电话记录簿。

进行电话记录后，有关人员应及时地对其进行必要的处理。该汇报的要汇报，该转告的要转告，该办理的要办理，不准随意拖延处理时间。在交接班时，有关负责人员要认真做好未曾处理的电话记录的交接。

有关人士在接阅电话记录后，应尽快对需要着手办理的事宜进行处置。必要时，要向有关人士通报处置情况。对于尚不清楚的情况，可再进行必要的了解。

◇ 指导书

1. 提出项目任务

（1）教师提出项目名称：设计一个工作情境，演示电话用语礼仪。
（2）学生根据教师提出的项目任务进行讨论，最终确定具体的项目任务。
可以根据具体的课时及教学条件选择适合的项目任务。

2. 明确学习目标

学生根据具体的项目任务，与教师一起讨论本项目的学习目标：
① 能够掌握电话用语的使用规范要求；
② 能够正确熟练地使用电话用语。

3. 相关知识学习

学生与教师一起讨论要完成项目任务所需的相关知识点。由学生对已学过的旧知识进行总结回顾，教师对学生尚未掌握的新知识进行讲授或学习方法的指导。

教师在相关知识学习的过程中应该成为学生选择学习内容的导航者。

4. 制订工作计划

建议本项目采用小组工作方式。由学生制订项目工作计划，确定工作步骤和程序，并最终得到教师的认可。

此步操作中，教师要指导学生填写项目计划书（项目计划书样式见书后附录A）。

5. 实施工作计划

学生确定各自在小组中的分工以及合作的形式，然后按照已确立的工作步骤和程序工作。

在实施工作计划的过程中，教师是学习过程的咨询者和参谋。教师应从讲台上走下来，成为学生的学习伙伴，解除不同特点的学生遇到的困难和疑惑并提出学习建议。

项目实施过程中，教师要指导学生填写小组工作记录（小组工作记录样式见书后附录B）。

6. 成果检查评估

先由学生对自己的工作结果进行展示，再由教师对工作成果进行检查评分。师生共同对项目工作中出现的问题进行分析，找出解决问题的办法，为今后的项目学习打好基础。

◇ 评价表

1. 评价标准

评价项目		评价要求	评价标准
电话用语	通话前的准备	打电话前的准备要求	（1）慎选通话时间 （2）备好通话内容 （3）挑准通话地点 （4）做好心理准备
		接听电话的准备要求	（1）确保畅通 （2）专人值守 （3）预备记录
	通话初始	打电话开始时的要求：问好，自报家门，进行确认	（1）问好 问候对方的用语通常是"您好"或是"喂，您好"。如果通话对方已率先向自己问好，应立对方一句 （2）自报家门 ①只报出本单位的全称； ②报出本单位的全称与所在具体部门的名称； ③报出通话人的全名； ④报出通话人的全名与所在具体部门的名称； ⑤报出通话人的全名与所在单位的全称以及所在具体部门的名称。 （3）进行确认

续表

评价项目		评价要求	评价标准
电话用语	通话初始	接电话时的开头主要包括三部分：问候、自报家门、询问对方具体事务	当你拿起电话后，首先应问候对方，然后自报家门；或者先自报家门再问候对方。如："您好！×××公司，请问您想找哪个部门？"
	通话中	1. 声音清晰	(1) 咬字准确 (2) 音量适中 (3) 速度适中 (4) 语句简短 (5) 姿势正确
		2. 态度平和	(1) 不卑不亢 (2) 不骄不躁
		3. 不忘职责	(1) 接听及时：电话铃响三次左右及时予以接听 (2) 如因特殊原因不能及时接听电话，就应在拿起听筒后首先向对方表示歉意："对不起，让您久等了。"
		4. 内容紧凑	每次通话的具体时间，以3分钟至5分钟以内为宜
		5. 主次分明	在相互问好之后，通话双方即应立即转入主题
	通话结束	1. 再次重复重点	(1) 通话即将结束时，拨打电话的一方应将重要的内容简单复述一下，以便确认双方沟通无误 (2) 为避免给对方以烦闷之感，在重复时应多多采用礼貌用语
		2. 暗示通话结束	在挂断电话前，应先向通话对象暗示此意
		3. 感谢对方帮助	在通话之中，如果对方给予了自己一定程度的帮助，则在即将结束通话时，勿忘向对方正式地进行一次道谢
		4. 代向他人问候	如果通话双方是旧交，那么双方在通话结束之前，不妨相互问候一下对方的同事或家人
		5. 互相进行道别	结束通话的最后一句话，应当是通话双方互道"再见"
		6. 话筒要轻轻挂上	挂机时还应小心轻放，别让对方听到很响的搁机声
	代接电话	代接电话时，服务人员应一如既往地保持友好的态度去帮助对方。不要语气大变，立即挂断电话；更不要对对方的其他请求一概拒绝	(1) 如果对方要找的人就在附近，应告知对方稍候片刻，然后立即去找。需要注意的是，不要立即大声喊人，不要让对方等候过久，也不要直接询问对方与所找之人是何关系，找他到底有何公干 (2) 如果对方要找的人已经外出，应首先告知对方他要找的人已经外出，然后再去询问对方：来系何人，是否有事需要转达，如有事需要转达，应认真记录下来，并尽快予以转交。如果事关重大，则最好不要再委托他人代劳，以防泄密 (3) 如果对方要找的人正在忙于他事，不便立即接听，此刻代接电话的人可以实相告于对方，或者告之以他要找的人已暂时外出。随后，可询问一下对方要不要自己代劳，或者要不要替双方预约个方便的通话时间

续表

评价项目	评价要求	评 价 标 准
电话用语	做好电话记录	在进行电话记录时，除了要选择适当的记录工具之外，最重要的是要力求记好要点内容，并在记完要点之后进行核实	（1）电话记录的内容大致上应当包括来电的时间、通话地点、来电人的情况、电话的主要内容及处理方式等 （2）做好电话记录之后，一定要将其精心地加以保管 （3）对于重要的电话记录，尤其是当其涉及行业秘密之时，务必要严格地进行保密 （4）做好电话记录后，有关人员应及时对其进行必要的处理

2. 评价表

考核项目		考核要求	是否做到		改进措施
通话前的准备	打电话前的准备	（1）慎选通话时间	□是	□否	
		（2）备好通话内容	□是	□否	
		（3）挑准通话地点	□是	□否	
		（4）做好心理准备	□是	□否	
	接听电话前的准备	（1）确保畅通	□是	□否	
		（2）专人值守	□是	□否	
		（3）预备记录	□是	□否	
通话初始	打电话	（1）问好 （2）自报家门 （3）进行确认	□是	□否	
	接电话	（1）问候 （2）自报家门 （3）询问对方具体事务	□是	□否	
通话中		1. 声音清晰	□是	□否	
		2. 态度平和	□是	□否	
		3. 不忘职责	□是	□否	
		4. 内容紧凑	□是	□否	
		5. 主次分明	□是	□否	
通话结束		1. 再次重复重点	□是	□否	
		2. 暗示通话结束	□是	□否	
		3. 感谢对方帮助	□是	□否	
		4. 代向他人问候	□是	□否	
		5. 互相进行道别	□是	□否	
		6. 话筒要轻轻挂上	□是	□否	

续表

考核项目	考核要求	是否做到	改进措施
代接电话	如果对方要找的人就在附近，应告知对方稍候片刻，然后立即去找	□是 □否	
	如果对方要找的人已经外出，应首先告之对方他要找的人已经外出，然后再去询问对方	□是 □否	
	如果对方要找的人正在忙于他事，不便立即接听，此刻代接电话的人可以实相告于对方，或者告之以他要找的人已暂时外出。随后，可询问一下对方要不要自己代劳，或者要不要替双方预约个方便的通话时间	□是 □否	
做好电话记录	（1）内容全面标准	□是 □否	
	（2）精心保管	□是 □否	
	（3）认真保密	□是 □否	
	（4）及时处理	□是 □否	

【项目总结】

在生活中，礼貌用语是文明社会中人际交往所必需的，特别是对服务人员能否做好服务工作具有重要的影响。服务人员的语言礼仪规范，是指服务人员在语言的选择和使用中，表现出良好的文化修养和职业素质，准确地运用文明有礼、高雅清晰、称谓恰当、标准柔和的语言。语言礼仪是服务礼仪的重要组成部分，服务人员掌握语言礼仪规范是改善和提高服务质量的内在要求。

【综合实训】

1. 案例分析

请你判断并分析以下情景中对电话的使用是否符合礼仪。

（1）一男士夜间休息，电话铃响，被惊醒。

（2）一女士在办公室内打电话。"这场球太臭，真的，那个6号……"

（3）一男士接听电话："您好！北方公司。您找西海公司？抱歉！您拨错了。需要的话，我可以替您查一下西海公司的电话。"查手册后，又道："它的电话是211211。不客气，再见。"

（4）一男士接电话："你好！北方公司。你找西海公司？下次看清楚，我们是北方公司！"

2. 技能训练

电信营业厅，电信营业员对客户的接待。

训练要求：

（1）学生分组，进行模拟演练电信营业厅中，营业员对客户的接待。每组派出两人做营业员，两人做模拟客户。

（2）要求模拟中必须使用服务用语完成"来有迎声。""问有答声"、"去有送声"三声服务。

（3）在完成三声服务中，必须完成接待客户过程中接听电话的任务。

（4）训练过程用摄像机记录，结束后回放并进行讨论。在教师的指导下找出问题并分析解决办法。

项目 5

商场、超市服务礼仪

◎ 【项目目标】

◆ **知识目标**

1. 熟悉服务人员在商场、超市时的基本服务规范要求；
2. 理解商场、超市服务礼仪规范；
3. 掌握商场、超市的服务礼仪技巧。

◆ **技能目标**

1. 具备针对不同顾客的要求，进行规范服务的能力；
2. 能够具有商场、超市环境进行熟练服务的能力。

子项目 5.1 柜台服务礼仪

◆ **新任务** 组织一次商场服务礼仪参观活动，并写出心得体会。

1. 组织学生到本地区一家大型的商场或超市进行参观；
2. 详细观察商场或超市员工在工作岗位上的服务礼仪应用情况；
3. 将参加后的心得体会写成书面报告；
4. 各小组学生对心得体会进行发布。

◆ **知识点**

5.1.1 迎接顾客的礼仪

营业员在迎接顾客时，首先要做好营业前的准备工作。

（1）环境卫生工作

不仅要保证购物环境的清洁，还要保证商品包装及商品本身的整洁。把柜台和货架要擦拭干净，给顾客一个整洁舒心的购物环境，决不能对柜台上的污渍和货架上的尘土听之任之。

（2）工作用具

营业员要准备好各种工作的用具，如尺、计算器、发票、笔等。例如，经营食品的柜台，不仅要求营业人员戴口罩，穿制服，还要准备食品夹，为顾客夹取食品，决不能用手去抓食品。

（3）仪容仪表形象

营业员要注意个人的仪容仪表形象，要淡妆上岗，着统一的工作制服，佩戴好工牌，精神饱满地迎接顾客的来临。

 **粘贴板**

形象在服务工作中的作用

1. 形象是一种服务

个人形象、企业形象被塑造好了，不仅会令服务对象感受到应有的尊重，而且还会使之在享受服务时感到赏心悦目，轻松舒畅。

2. 形象是一种宣传

在服务行业里，个人形象、企业形象被塑造好了，就会使广大服务对象有口皆碑，交口称道，并且广为传播，进而为自己吸引来更多的服务对象。

3. 形象是一种品牌

人人皆知，在市场经济的条件之下，拥有一种乃至数种知名品牌，往往会为自己带来巨大的好处。从某种意义上讲，任何一家具有市场意识的服务企业都须充分认识到：它所销售的不仅仅是商品或服务，而是自身的形象！在任何一个服务单位里，如果全体员工的个人形象与整个企业的形象真正为社会所认同，久而久之，就会形成一种同样难能可贵的"形象品牌"。

4. 形象是一种效益

就形象塑造而言，投入与产出是成正比的。一家服务单位的员工形象与企业形象被塑造好了，自然使其获得一定的社会效益与经济效益。

俗话说："来有迎声。"为表示对顾客的尊重，服务员应做好顾客来临的重要第一声。具体规范是：服务人员首先要在柜台内以标准姿势站立，面带微笑，耐心等候顾客；当顾客走近柜台，表示出观看或浏览商品停留时，营业员要主动亲切问候："您好，我能为您做些什么?"或问候一句:"您好,欢迎光临。"切忌在客人浏览商品时同同事聊天,冷落客人,或一边与他人说笑一边接待客人,更不可以对顾客不理不睬,目中无人。

(4) 陈列好商品

要注意陈列好商品,方便顾客挑选与购买。商品的摆放要分门别类,突出重点。对畅销或交易频繁的商品,或流行的商品,尽可能地摆放在顾客易拿、易选的地方,陈列在服务人员的周围,上下左右60厘米左右之内,以便加速售货速度。

(5) 明码标价,货真价实

质量是产品或服务进入市场的通行证,只有质量有保证,才能在市场上赢得竞争力。所以,商品的价钱标注一定要明确,符合价值标准及市场规律。不要利用欺诈的手段哄抬物价、欺骗顾客,侵犯消费者的权益。

 **工具箱**

确立经营风格

对服务行业在经营风格方面的总体要求是:必须切实维护消费者的权益,从而有利于社会的发展与稳定。具体包括以下两个方面。

(1) 货真价实。就是要求服务品种要名副其实,服务价格要买卖公平。它既是服务对象对于服务行业的基本要求,也是社会主义服务行业的职业道德的基本要求。要求服务人员认真把守好"三关"(进货关、质量关、定价关)。

(2) 诚信无欺。诚信无欺是服务行业的一大基本特征。它不仅关系到消费者利益的维护,而且也关系到服务行业的生死存亡。全体服务人员在自己的工作岗位上要做到诚信无欺,就必须在以下六方面完善自身:第一,在宣传介绍商品与服务时,必须做到实事求是;第二,在销售商品、提供服务时,必须做到保质保量;第三,出售的商品必须清洁卫生,提供的服务必须文明合法;第四,必须建立合理的商品退换制度和服务承诺制度;第五,必须建立便民制度和售后服务制度;第六,必须平等对待一切服务对象。

5.1.2 接待顾客的礼仪

1. 接待服务要规范

营业员在接待顾客时,要重视每一位光临的顾客。

1) 接受顾客

营业员在接待顾客时不以年龄、性别、服饰、相貌、地域取人,要平等对待。

接受顾客，主要应当体现为服务人员对于对方热情相迎，来者不拒。不仅不应该怠慢顾客，冷落顾客，排斥顾客，挑剔顾客，为难顾客，而且还应当积极、热情、主动地接近对方，淡化彼此之间的戒备、抵触和对立的情绪，恰到好处地向对方表示亲近友好之意，将对方当作自己人来看待。

在服务岗位上尊重消费者，其实就意味着必须尊重对方的选择。如果要真正将消费者视为自己的"上帝"和"衣食父母"，诚心诚意地意识到顾客至上的话，就应当认可对方，容纳对方，接近对方。在工作岗位上，服务人员对于顾客的接受，不但是一个思想方法问题，而且还应当在自己的实际行动上得到贯彻体现。

不要用异样的目光去打量顾客，更不要挑剔顾客，要运用微笑服务于顾客。能否微笑服务，从小处讲，表现出一个营业员、一个商场的服务素质；从大处讲，则体现一个社会分子、一个国家公民、一个城市市民的文明修养程度。因此，微笑虽然是很普通的体态及脸部语言，但却不容忽视，其意义大大超过了本身的作用，同时更能体现出一个商场企业的形象和文化。

（1）微笑服务可使顾客的需求得到最大限度的满足

在人生旅途上，最好的通行证就是微笑。某书的序言就有这样一句话——生活真的像一面镜子，当你对它展颜欢笑时，它所回报给你的，一定也是醉人的笑容。

（2）发自内心的微笑会发挥情绪沟通的"桥梁"作用

发自内心的微笑，使人觉得你宽厚坦诚；发自内心的微笑，使人觉得你和蔼可亲，幸运、健康、财富会在不知不觉间向你靠近。自己的每个语言、每个表情，对它的接收者来说，都能产生一定的影响。所以，我们需要以微笑来鼓励身边的每一个人。有了真诚的笑容，我们就能营造起宽容和理解的氛围；有了笑容，我们不再有不必要的争执和摩擦。

（3）微笑会增进友谊，出效益

微笑并不是难事，但却不容忽视。微笑是一种体态语言，有时比说话更能表达友好的目的。如果营业员对于来到商场的每一位客户都能笑脸相迎，热情接待，顾客对此必有良好的反应，也会更加信任营业员，在这种情况下，客户也就比较容易接受营业员的建议，可以说，微笑是愉快交往和顺利成交的前提条件。服务质量包括许多方面，其中服务态度直接牵涉到人和人之间（即顾客和营业员之间）的感情交往，而感情是人类区别于其他任何动物的最主要特征。顾客对某商场、某柜台、某营业员有了感情，以后购物时还会来此处，同时还会带了他的朋友；顾客为什么找熟人、托熟人买东西比较放心，为什么到"老地方"买东西比较放心，就是因为有"感情"！提倡微笑服务，说到底，是为了建立、加深商场同顾客双方的感情，有了感情，就有了人（即顾客），有了顾客，商场才有希望，才能生存。

（4）微笑服务会传递商场良好形象的美德

迈进商场的大门，使顾客直接感觉到满意的就是营业员的笑容。面对张张笑脸，顾客会觉得受到一种人格上的尊重及发自内心的欢迎，而这无形中缩短了彼此间的距离；相反，如果营业员板着脸，目中无人，顾客则避之唯恐不及，怎么还会有心情购买你的商品呢？在激烈的竞争中，在同等条件下要争取和留住客户，就要用诚意来打动他们，而微笑服务，作为一种礼仪方式，已经被证明是非常重要和有效的沟通方式之一。顾客到商场里来，就是商场的客人；无论买与不买，营业员都要以礼相待，热情服务，不能有"你有求于我"的思想，更不能对顾客态度冷淡，言语生硬，甚至顶撞客户。

2）依次接待

当客人较多时，营业员一定要按先后依次接待，做到"接一、顾二、照看三"。

手上接待第一位顾客，眼睛照顾第二位顾客，嘴里招呼第三位顾客，对其他顾客要微笑点头示意，并说："对不起，请稍等一会好吗？"接待久等的顾客时要先致歉，然后才能为其服务。

3）会运用赞美的接待方式

赞美不是赞美商品，而是要赞美所接待的顾客。人人都喜欢被赞美，这是人的一种天性。接待人员一定要学会赞美别人，只有对不同的对象从不同的方面给予赞美才能取得良好的效果。当然，赞美要讲究艺术，要注意分寸，要实事求是，要真诚，要恰到好处，不要盲目地夸奖对方或华而不实，给对方不好的感觉，甚至让对方感到反感，从而失去一位好顾客，严重时会对商场的形象造成不好的影响。

营业人员要注意服务语言的技巧。俗话说："话有三说，巧者为妙。"巧妙的柜台服务用语，能够解决遇到的各种难题，顺利地促成交易。柜台服务员应运用以下五种语言技巧：会运用含蓄委婉的语言技巧；会运用表达完整确切的语言；会慎择句式；会恰当地运用褒语；会巧用正反对比的语言技巧。

 工具箱

赞美服务对象的技巧

赞美服务对象，实质上就是对对方的接受、重视及肯定。从某种意义上来说，赞美他人实质上就是在赞美自己，就是在赞美自己的虚心、开明、宽厚与容人。从心理上来讲，所有的正常人都希望自己能够得到别人的欣赏与肯定，而且别人对自己的欣赏与肯定最好是多多益善。一个人在获得别人满意的赞美之时内心的愉悦程度，常常是任何物质享受均难以比拟的。

服务人员在向服务对象提供具体服务的过程中，要善于发现对方之所长，并且及时地、恰到好处地对其表示欣赏、肯定、称赞与钦佩。其利处在于：可以争取服务对象的合作，使服务人员与服务对象彼此双方在整个服务过程中和睦而友善地相处。服务人员在有必要赞美服务对象时，要注意以下三点。

(1) 适可而止。服务人员在具体运用赞美词时，必须适当控制使用。如果服务人员对服务对象的赞美充斥于整个服务过程之中，不但会使服务对象不自在，而且也会使赞美本身贬值，令其毫无任何实际的意义。所以说，服务人员对于服务对象的赞美，不可以一点儿没有，也不可以超过一定的限度。服务人员赞美服务对象时必须认真地把握分寸，适可而止。

(2) 实事求是。服务人员必须清楚：赞美与吹捧是不一样的。真正的赞美，是建立在实事求是的基础之上的，是对于别人所长之处的一种实事求是的肯定与认可。所谓吹捧，则是指无中生有或夸大其词地对别人进行恭维和奉承，就是为了讨好别人而成心要给对方戴高帽子。服务人员对于服务对象的赞美如果背离了实事求是这一基础，从根本上就背离了服务行业"诚实无欺"的宗旨。极端现象就是哄人、骗人、蒙人，这对企业发展很不利。

(3) 恰如其分。服务人员对服务对象的赞美要想被对方所接受，一定要了解对方的情况，赞美对方确有所长之处。例如，赞美一位皮肤保养不错的女士时，说她"深谙护肤之道"，一定会让她非常高兴。可要是用这句话去赞美一位皮肤黯然失色的女士，就会引起对方的反感。

2. 诚心介绍商品，为顾客当好参谋

顾客是商场的衣食父母，要深刻认识到每位顾客都是商场的"财神爷"，没有顾客，商场就无立足之本，而营业员更无存身之地。

① 营业员为顾客服务要站在顾客的角色上，为其着想，当好导购。

当向顾客介绍商品时服务员要简洁明了地表达，实事求是，有一说一，切忌欺骗顾客。遇到比较急躁或者提问题较多的顾客，营业员一定要有耐心，要为顾客解释清楚每一个问题，不要支支吾吾，或说不清楚、不知道、不了解等话语，给顾客一种不信任的感觉。为顾客导购时，有两种情况：一是主动导购，指当导购人员发现顾客需要导购时，在征得对方同意后，为其服务的一种方式；另一种是应邀导购，指的是顾客主动需要服务员的帮助而由导购人员为其服务的一种方式。它多适用于顾客较多之时，具有针对性强、易于双向沟通等优点。

一般地，商场的金牌导购应具有如下礼仪素质：整洁的仪容仪表；真诚自然的微笑；饱满的工作热情；良好的人际关系；高尚的人格品质；爱岗敬业，业务熟练；积极好学，有创新能力；沟通能力强，有随机处理事件的能力。

② 当客人参谋时，要以顾客的爱好为前提，做到点到为止，不要勉为其难，更不要强加于人，给顾客一种强买强卖的感觉，使顾客产生反感，对商场和服务人员留下极坏的印象。

③ 营业员要运用专业的技能服务，介绍商品要到位，给顾客吃一颗定心丸，从而影响

顾客的购买欲望。

影响顾客的五个因素是：诚实服务、信誉服务、情感服务、形象服务、价值服务。

第一，营业员要诚信服务。在现代社会里，服务人员的诚实与否，是深受顾客重视的。爱屋及乌，如果营业人员的服务态度不真诚，顾客也会认为商场的商品质量也不会怎样。如果对顾客诚实无欺，则必为顾客所信任和称道，使之更加放心地进行交易，甚至会成为"商场常客"。

第二，营业员要讲信誉服务。主要是要求营业员在服务于人时，必须遵诺守信，说到做到，说话算数，实事求是地对待顾客。

第三，营业员要运用情感服务。以情感服务来感动顾客，满足顾客的心理需要。

第四，营业员要注意形象服务。以形象服务，就是要求营业人员面对顾客时，要树立良好的个人形象。

第五，要以价值服务影响顾客。一方面，要注重商品、服务的价值；另一方面，要注重价格。商品的价格是价值的表现形式，要运用合理的价格来影响顾客的购买欲望。

此外，营业员还要会运用"FABE"的服务方式，其中，"F"指商品的特征，"A"指商品的优点，"B"指顾客的利益，"E"指可资证明的证据。要求营业员要懂得商品的有关专业知识和服务技能，给顾客一种放心购买的感觉、不上当受骗的良好感受，从而也树立商场的优质服务的形象。

3. 有问必答，百挑不厌

① 营业员在服务时既是销售人员又是顾客的咨询人员，当顾客提出问题时，营业员要认真解答，不能支支吾吾，更不能充耳不闻。在回答顾客问题时，要清楚明了。无论顾客提出什么样的问题，服务员都要礼貌地答复，不能露出不屑一顾的表情，或讽刺挖苦顾客。

② 营业员给顾客拿商品时服务动作要轻快，符合规范，并礼貌地传递到顾客手中，并说："这是您需要的商品，请核对。"耐心等待客人的回应，不要扔掉商品，对顾客一声不吭，给顾客一种不尊重的感觉，引起误会，更不要将破损的商品给顾客，让顾客伤心。当顾客反复挑选商品时，营业员要耐心服务，不要表现出厌烦情绪或厌烦的话语，而应说："没关系，如不满意我再给您换一件供您比较。"直到顾客满意为止。

4. 切忌"打扰式服务"

在顾客购物时，营业员不要瞪大眼睛有意识地盯着客人，制造紧张气氛；也不要紧紧地追问客人——"您想买点什么"或"这个怎么样"等干扰性话语，让未定主意的客人为难或产生反感的情绪。

不要紧跟顾客其后，像看贼一样。营业员要采用"零干扰"式服务——要善于观察，对刚刚进门、神态悠闲的客人不要直接问话，要给客人充分的时间来慢慢观察和欣赏。总之，不要热情过度，以免引起顾客的反感情绪。

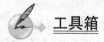 **工具箱**

无干扰的服务距离

人际距离，一般是指在人与人进行的正常交往中，交往对象彼此之间在空间上所形成的间隔，即交往对象之间彼此相距的远近。在不同的场合和不同的情况下，交往对象之间的人际距离通常会有不同的要求。心理学实验证明，人际距离必须适度。人际距离过大，容易使人产生疏远之感；人际距离过小，则又会使人感到压抑、不适或是被冒犯。总之，人际距离过大或过小均为不当，它们都是有碍于正常人际交往的。

（1）服务距离。服务距离是服务人员与服务对象之间所保持的一种最常规的距离。在一般情况下，服务距离以0.5米至1.5米之间为宜。至于服务人员与服务对象之间究竟是要相距近一些还是远一些，则应视服务的具体情况而定。

（2）展示距离。展示距离是服务距离的一种较为特殊的情况，是指服务人员需要在服务对象面前进行操作示范，以便使服务对象对于服务项目有更直观、更充分、更细致的了解。进行展示时，服务人员既要使服务对象看清自己的操作示范，又要防止对方对自己的操作示范有所妨碍，或是遭到误伤。因此，展示距离以在1米至3米之间为宜。

（3）引导距离。引导距离是指服务人员在为服务对象带路时彼此双方之间的距离。根据惯例，在引导时，服务人员行进在服务对象左前方1.5米左右，是最为适当的。此时，服务人员与服务对象之间相距过远或过近，都是不允许的。

（4）待命距离。待命距离是指服务人员在服务对象尚未传唤自己、要求自己为之提供服务时，所需与对方自觉保持的距离。在正常情况下，它应当是在3米之外。只要服务对象视线所及，可以看到自己即可。服务人员主动与服务对象保持这种距离的目的，在于不影响服务对象对于服务项目的浏览、斟酌或选择。

（5）信任距离。信任距离是指服务人员为了表示自己对服务对象的信任，同时也是为了使对方对服务的浏览、斟酌、选择或体验更为专心致志而采用的一种距离。采取此种距离时，必须避免：一是不要躲在附近，似乎是在暗中监视服务对象；二是不要去而不返，令服务对象在需要服务人员帮助时根本找不到任何人。

另外，服务人员还应了解一下自己在工作岗位上的禁忌距离。禁忌距离是指服务人员在工作岗位上与服务对象之间应当避免出现的距离。这种距离的特点，是双方身体相距过近，甚至有可能直接发生接触，即小于0.5米。这种距离，多见于关系极为亲密者之间。若无特殊理由，服务人员千万不要主动予以采用。

5. 切忌"以貌取人"

俗话说："人不可貌相，海水不可斗量。"对于穿戴困窘的顾客，服务人员同样要做到热情接待，亲切问候，要一视同仁。切忌"以貌取人"，对客人不理不睬，或面露轻蔑的神色，上下打量顾客，更不要在服务顾客时厚此薄彼。营业员应对每一位光临商场的顾客都平等对待，不要因为服务人员的服务差异，而怠慢了顾客。

6. 唱收唱付，礼貌递交商品

（1）营业员要做到唱收唱付

接过钱时，比如要说："您好，收您100，找您30。"如果一时无法找给顾客零钱，要以"困难留给自己，方便让给顾客"的原则处理问题，切不可说一句"找不开"，把难题推给顾客，或拒收零钱，让顾客感到委屈，没有得到应有的尊重。

（2）营业员要心态平和地对待顾客

收款时如果发现假币应向客人和蔼说明，不要斥责客人，或与其发生争吵，如果客人的要求非常苛刻，营业员同样要感谢顾客的建议与批评。顾客选购商品过程中，可能因某种原因，在计价收款后还临时反悔，营业员要一如初始，尊重顾客的意愿，在不违背商场规章的前提下，能够方便时尽量方便顾客和满足其要求，不能因此对顾客厌烦，更不能讥讽、侮辱。

（3）营业员要精心包装商品

顾客的商品选定后，营业员应及时对客人挑好的商品精心包装，要以方便顾客携带为前提。对于易碎商品还要以纸箱、泡沫等有保护措施的包装进行小心包装，让顾客放心拿取商品。沉重的商品要帮助顾客送出商场，甚至帮忙装上车辆或帮助顾客送货。

5.1.3 告别顾客的礼仪

"来有迎声，去有送声"。

首先，对于购买商品后的顾客，购物完毕后，营业员要有告别之声，微笑目送，并说"欢迎您下次再来"或"谢谢您的惠顾"。

其次，对反复挑选商品而没有购买的顾客也要热情送别，说"感谢您的光临"或者"希望下次不会让您失望，请您走好"。

再次，对快下班前进入商场的客人，营业员也要耐心接待，直到下班时间。如果到时顾客仍不离开，要礼貌地说："先生，对不起，希望明天为您服务。"切忌提前关灯、做卫生、拉帘、理货、对账、催撵顾客等行为。

◎ **指导书**

1. 提出项目任务

（1）教师提出项目名称：组织一次商场服务礼仪参观活动，并写出心得体会。

(2) 学生根据教师提出的项目任务进行讨论，最终确定具体的项目任务。

可以根据具体的课时及教学条件选择适合的项目任务。

2. 明确学习目标

学生根据具体的项目任务，与教师一起讨论本项目的学习目标：

① 能够掌握商场营业员在柜台服务时的仪容、服饰规范；

② 能够掌握柜台服务时的用语规范；

③ 能够掌握柜台服务的技巧。

3. 相关知识学习

学生与教师一起讨论要完成项目任务所需的相关知识点。由学生对已学过的旧知识进行总结回顾，教师对学生尚未掌握的新知识进行讲授或学习方法的指导。

教师在相关知识学习的过程中应该成为学生选择学习内容的导航者。

4. 制订工作计划

建议本项目采用小组工作方式。由学生制订项目工作计划，确定工作步骤和程序，并最终得到教师的认可。

此步操作中，教师要指导学生填写项目计划书（项目计划书样式见书后附录A）。

5. 实施工作计划

学生确定各自在小组中的分工以及合作的形式，然后按照已确立的工作步骤和程序工作。

在实施工作计划的过程中，教师是学习过程的咨询者和参谋。教师应从讲台上走下来，成为学生的学习伙伴，解除不同特点的学生遇到的困难和疑惑并提出学习建议。

项目实施过程中，教师要指导学生填写小组工作记录（小组工作记录样式见书后附录B）。

6. 成果检查评估

先由学生对自己的工作结果进行展示，再由教师对工作成果进行检查评分。师生共同对项目工作中出现的问题进行分析，找出解决问题的办法，为今后的项目学习打好基础。

◇ 评价表

评价项目	评 价 要 求	等级标准	评价等级
报告内容、组织	1. 内容充实，切题，观点明确，论述客观，行文流畅	A	
	2. 内容充实，表述具体，组织严谨，行文通顺	B	
	3. 内容不够充实，组织不够严谨，行文较流畅	C	
	4. 内容模糊不清，行文欠流畅	D	

续表

评价项目	评价要求	等级标准	评价等级
报告的设计	1. 版面设计精美，善用色彩，能吸引读者深入阅览	A	
	2. 版面设计美观，排版清晰	B	
	3. 版面设计一般，欠缺美工设计	C	
	4. 版面设计草率，欠整齐	D	
评语			

子项目5.2　超市服务礼仪

◇ **新任务**　撰写超市服务礼仪调查报告。

1. 组织学生到本地区一家大型的超市进行见识实习；
2. 详细观察超市员工在工作岗位上的服务礼仪应用情况；
3. 撰写见识实习调查报告；
4. 各小组学生对调查报告进行发布。

5.2.1　超市理货员服务礼仪

1. 迎接顾客的礼仪

超市理货员在迎接顾客时，理货员要注意个人的仪容仪表形象，要淡妆上岗，着统一的工作制服，佩戴好工牌，精神饱满地迎接顾客的来临。

服务员应做好顾客来临的重要第一声。具体规范是：服务人员首先要在柜台内以标准姿势站立，面带微笑，耐心等候顾客；当顾客走近商品区域，表示出观看或浏览商品停留之时，理货员要主动亲切问候："您好，我能为您做些什么？"切忌在客人浏览商品时同同事聊天，冷落顾客。

理货员仪态要求做到以下方面的规范。

① 超市的理货员要站立候客，不要叉腰、抱肩或插口袋，双手要自然交于腹前或背于背后，不要倚靠货架或在大件货物上，不要倚靠陈列台、工作台或服务台上，不可坐在商品或桌子上面，不可在岗位上化妆，更不可和同事戏谑开玩笑、聊天、嚼口香糖、哼唱、打哈欠、发呆、吃东西、看书等不良工作行为。

② 理货员在货架间要适当走动，与顾客要有一定的距离，不要盲目跟随服务，以免给

人监视之嫌。引领顾客不要拉拽，应用正确的手势。

2. 接待顾客的礼仪

1）接待服务要规范

理货员在接待顾客时，理货员一定要按先后依次接待，做到"接一、顾二、照看三"，即手上接待第一位顾客，眼睛照顾第二位顾客，嘴里招呼第三位顾客，对其他顾客要微笑点头示意，并说"对不起，请稍等一会好吗"？接待久等的顾客时要先致歉，然后才能为其服务。

2）商品展示要规范

"成功的商品展示就是无声的优秀推销员。"一般地，超市的商品展示有以下四个原则。

（1）方便顾客挑选

商品种类应满足顾客的选择。商品种类的搭配必须清楚、齐全，满足顾客需求且不断完善。商品种类包括一系列的价格和质量规格（最低价商品、共同商品、超市自有品牌商品、当地商品），销量高的单品优先考虑，标准化的商品种类应根据卖场的规模进行调整，全国性商品组织结构应包括满足新的消费需求和顾客近期期望的产品。商品展示也应让顾客易摸、易看、易挑选，充分利用人的视觉感受力。因此，商品展示要醒目，要让商品进入顾客的视线。

（2）富有美感

商品展示的堆码、罗叠、造型等方式，既要专业化，又要给人以美感、亲切感。例如，要将商品的包装标志朝外，对着顾客；将商品堆码得有层次感，便于顾客拿取商品；将商品分类摆放，要符合商品摆放要求。

首先，超市货架的商品要摆放整齐美观，错落有致，色彩搭配要和谐自然，同类商品摆放集中，方便顾客拿取，将商品的标签对着顾客。一般情况下，由人的眼睛向下20度是最易观看的。人的平均视觉由110度到120度，可视宽度范围为1.5米到2米，在店铺内步行购物时的视角为60度，可视范围为1米。除高度、宽度外，为使商品易观看，商品的分类也是很重要的。

理货员给特殊商品打标签及打贴价格标签的注意事项如下。第一，瓶装商品的价格标签，如各种瓶装饮料、果酒、白酒、其他生活用品等，价格标签一般贴在瓶子的盖上，或者贴在瓶颈上。第二，罐装商品的价格标签，如罐装腌制品，价格标签一般贴在罐子的盖上。第三，礼品的价格标签，最好不要直接贴在商品上。因为送礼者大都不希望受礼者知道礼品的价格，他们常常会将价格标签从包装上撕下，有时会留下难以擦净的痕迹，或者撕坏商品包装。因此，礼品标价应该独立于包装的价格牌，方便顾客很容易地取下。第四，商品价格调高或调低时，应将原来的价格标签撕下，再贴上新的价格标签。最好不要将新价格标签覆盖在原标签的上面，以防引起顾客的误会。第五，在打贴商品价格前，要认真检查商品的代码与种类，核对货架上商品的价格是否与标签价格相一致，以免给顾客造成利益损失。第六，在陈列商品时，要将商品有价格标签的一面面对着顾客，方便顾客购买，减少顾客翻动商品的次数,也保持了商品陈列的美观。

其次,当顾客挑选时弄乱了商品,理货员不要斥责顾客,应待顾客走后及时整理,保持整洁有序。切忌商品杂乱无章、东倒西歪、甚至互相挤压,损坏商品,使整个商品陈列不堪入目。

(3) 利于服务

商品展示要利于减少服务人员的劳动和回答,以便集中精力,提高为顾客服务的效率,提高顾客购买的效率。

(4) 诚信服务

同其他行业一样,超市也存在着鱼龙混杂的现象。一方面是绝大部分超市以优质低价赢得消费者的好评;但另一方面也有一些超市由于经营不善,导致今天热闹开业、明天尴尬倒闭或者欺骗消费者、欺骗供货商的情况。受此影响,供货商高抬物价、商家大打价格文字游戏的现象屡见不鲜,令人们对超市爱恨交加,对超市的诚信经营产生不好的印象。因此,超市要针对商品的质量问题,聘请消费者做质量监督员,长期随时抽查超市中的商品质量,用以从各个方面为消费者创造放心购物的空间。

3) 切忌"打扰式服务"

在顾客购物时,理货员要采用"零干扰"式服务。要善于观察,对刚刚进门、神态悠闲的客人不要直接问话,要给客人充分的时间来慢慢观察和欣赏。总之,不要热情过度,引起顾客的反感情绪。

5.2.2 超市收银员服务礼仪

超级市场是实行自助服务和集中式一次性付款销售方式的商品零售业态。超市收银员是从传统零售企业中的理货员分化而来的,是以从事现金作业管理为主的职能单纯化、高效化的超市核心岗位工作人员。超市收银员是细心者从事的职业,是超市的门面和亲善大使,是超市经营形象的代表者。

(1) 良好的服务理念

营业中,每一位超市收银员都应该以"微笑+速度+诚恳"的服务理念面对所有的顾客,使顾客有宾至如归的感觉。严格按照行业规范进行操作,也是超市收银员良好素质的体现。

(2) 应具备处理一定事务的能力

如真伪钞的鉴别、商品条形编码的识别等。当然,对于各类信用卡、磁卡的刷卡消费,超市收银员也应该熟练掌握。

(3) 要做到唱收唱付

接过钱时,比如要说:"您好,收您100,找您30。"如果一时无法找给顾客零钱,要以"困难留给自己,方便让给顾客"的原则处理问题。

 **工具箱**

收银员装袋应注意的服务技巧

质地比较硬的和重的商品应该垫底；容易流出汁水的商品应单另装袋；形体比较方正的商品应装入两侧，起支撑作用；易碎商品或怕挤压商品应装入最上层；每只提袋不应装入过多的商品，以便顾客轻松地携带等。

 **粘贴板**

收银员的职责

一、优质高效热情服务

（1）对顾客有礼貌，欢迎顾客光临运用礼貌用语。例如：您好、欢迎光临、谢谢您、早上好。

（2）顾客离开时要帮助顾客将商品装入购物袋内并运用礼貌用语。例如，"欢迎再来"。

二、收银员在结算时必须唱收唱付，不要将钱扔给顾客，应将钱和小票一起交给顾客

（1）唱收唱付。收顾客钱款时，要唱票："您的商品多少钱"，"收您多少钱。"找零钱时唱票："找您多少钱。"

（2）对顾客要保持亲切友善的笑容。

（3）耐心地回答顾客的提问。

（4）在营业高峰时间，听从当日负责人安排其他工作。例如：查价格，清理手推车，兑换零用金。

三、为顾客提供购物袋

食品、非食品要分开，生熟分开放置。例如，硬重的放在底层，易碎品、膨化食品放在最上方，冷冻品、豆制品等容易出水的商品单独放置，装入袋中的商品不应高过袋口，避免顾客提拿不方便。

四、确保商品

（1）超市在促销活动中所发的广告或赠品确认后放入袋内。

(2) 装袋时避免不是同一位顾客的商品放在同一购物袋中的现象。
(3) 对体积过大的物品要用绳子捆好，方便顾客提拿。
(4) 提醒顾客带走所有商品，防止遗忘在收银台上。

五、保持收银台时刻整洁干净

六、仔细检查特殊商品

例如：皮箱、提袋、盒子（铅笔盒）家电用的纸箱、带包装商品等。

资料来源：http：//bbs.chaoshiren.com.cn/viewthread.php？threadid=1177&page=1，2003-04-02。

5.2.3 超市保安人员服务礼仪

超市的保安人员同样是超市的窗口服务人员，保安人员在工作中要仪表整洁、姿态端正、精神振作、思想集中、语言文明。

保安人员切忌在工作时无精打采、聊天、打扑克，甚至睡觉打盹儿等不良的行为，不仅影响正常工作，给顾客留下极坏的印象，也损坏商场的整体形象。

保安人员执行任务的礼仪如下所述。

① 保安人员在执行任务时要保持头脑的清醒，办事要果断决策，要有原则性，也要有灵活性、机动性。

② 保安人员对待客人要友善诚恳，以理服人，不讲粗俗话语，顾客需要帮助时，要及时为其服务。

③ 保安人员要尊重宾客，没有特殊情况和未经批准，不可随意盘问顾客，也不可擅自扣押顾客证件，更不可随便限制顾客人身自由。

 粘贴板

消费者的权利

(1) 安全权。消费者在购买、使用商品时、接受服务时享有人身、财产安全不受损害的权利。

(2) 知情权。消费者享有知悉购买、使用的商品或者接受的服务的真实情况的权利。

(3) 选择权。消费者有权选择自己喜欢的商品，不得受经营者的强制。

(4) 公平交易权。消费者在购买商品或者接受服务时，有权获得质量保障、价格合理、计量正确等公平交易条件，有权拒绝经营者的强制交易行为。

　　(5) 求偿权。消费者因购买、使用商品或者接受服务受到人身、财产损害时，享有依法获得赔偿的权利。

　　(6) 结社权。消费者享有依法成立维护自身合法权益的社会团体的权利。

　　(7) 获取知识权。消费者享有获得有关消费和消费者权益保护方面的知识的权利。

　　(8) 受尊重权。消费者在购买、使用商品和接受服务时，享有其人格尊严、民族风俗习惯得到尊重的权利。

　　(9) 监督权。消费者享有对商品和服务以及保护消费者权益工作进行监督的权利。有权检举、控告侵害消费权益的行为，有权对保护消费者权益工作提出批评、建议。

　　资料来源：http://www.yesno.com.cn/xinxi/xinxi_content.asp?news_id=217，2001-09-18.

◇ 指导书

1. 提出项目任务

(1) 教师提出项目名称：撰写超市服务礼仪调查报告。

(2) 学生根据教师提出的项目任务进行讨论，最终确定具体的项目任务。

可以根据具体的课时及教学条件选择适合的项目任务。

2. 明确学习目标

学生根据具体的项目任务，与教师一起讨论本项目的学习目标：

① 能够掌握超市理货员服务礼仪；

② 能够掌握超市收银员服务礼仪；

③ 能够掌握超市保安员服务礼仪。

3. 相关知识学习

学生与教师一起讨论要完成项目任务所需的相关知识点。由学生对已学过的旧知识进行总结回顾，教师对学生尚未掌握的新知识进行讲授或学习方法的指导。

教师在相关知识学习的过程中应该成为学生选择学习内容的导航者。

4. 制订工作计划

建议本项目采用小组工作方式。由学生制订项目工作计划，确定工作步骤和程序，并最终得到教师的认可。

此步操作中，教师要指导学生填写项目计划书（项目计划书样式见书后附录A）。

5. 实施工作计划

学生确定各自在小组中的分工以及合作的形式，然后按照已确立的工作步骤和程序工作。

在实施工作计划的过程中，教师是学习过程的咨询者和参谋。教师应从讲台上走下来，成为学生的学习伙伴，解除不同特点的学生遇到的困难和疑惑并提出学习建议。

项目实施过程中，教师要指导学生填写小组工作记录（小组工作记录样式见书后附录B）。

6. 成果检查评估

先由学生对自己的工作结果进行展示，再由教师对工作成果进行检查评分。师生共同对项目工作中出现的问题进行分析，找出解决问题的办法，为今后的项目学习打好基础。

◈ **评价表**

评价项目	评 价 要 求	等级标准	评价等级
报告内容、组织	1. 内容充实、切题，观点明确，论述客观，行文流畅	A	
	2. 内容充实，表述具体，组织严谨，行文通顺	B	
	3. 内容不够充实，组织不够严谨，行文较流畅	C	
	4. 内容模糊不清，行文欠流畅	D	
报告的设计	1. 版面设计精美，善用色彩，能吸引读者深入阅览	A	
	2. 版面设计美观，排版清晰	B	
	3. 版面设计一般，欠缺美工设计	C	
	4. 版面设计草率，欠整齐	D	
评语			

【项目总结】

本项目的主要内容如下。

（1）柜台服务礼仪：迎接顾客时的礼仪、接待顾客时的礼仪和告别顾客的礼仪。

（2）超市服务礼仪：超市理货员服务礼仪、超市收银员服务礼仪和超市保安人员服务礼仪。

各行各业的礼仪工作都各有其特色，本项目主要介绍了柜台服务礼仪、超市服务礼仪、保安服务礼仪的规范。通过本项目内容的学习，使学生主要掌握服务行业商场及超市的服务礼仪，使学生步入社会后能够得心应手地工作，对自身的修养及社会的文明均有益。

【综合实训】

技能训练：案例分析

江黎明中专毕业被分配到某商场工作不久，一次在接待客户时，她不断地打量对方，客户很不耐烦地说："你神经了！"小江说："你才神经！不买东西，老看什么！"客户马上急了，骂骂咧咧地要找领导，并声称自己的精神和人格受到极大的伤害。小江一看，马上溜走了。

问题：

小江在服务上出了什么问题？你认为若是你，应怎样做？

项目 6

酒店、餐饮服务礼仪

【项目目标】

◇ **知识目标**

1. 掌握酒店服务礼仪的规范与技巧；
2. 理解导游员服务礼仪的规范与技巧；
3. 熟悉康乐服务礼仪的规范与技巧。

◇ **技能目标**

1. 具备根据不同服务工作岗位的要求运用不同服务礼仪礼节能力；
2. 具有根据不同服务工作岗位的要求对服务礼仪礼节规范与技巧熟练操作能力。

子项目 6.1　酒店服务礼仪

◇ **新任务**　组织一次酒店服务礼仪知识竞赛。

1. 根据酒店礼仪服务规范制作竞赛试题；
2. 根据酒店礼仪服务规范制作竞赛试题评分标准；
3. 组织初赛与复赛；
4. 进行专家评价与颁奖。

◇ **知识点**

6.1.1　前厅服务礼仪

1. 迎宾员礼仪

（1）迎宾员的着装与仪态

迎宾员是酒店的脸面。首先，迎宾员工作时要着淡妆而不俗，切忌男迎宾员衣冠不整；女迎宾员浓妆艳抹，打扮怪异，引客人侧目。其次，迎宾员在工作时着装应统一、规范、整洁。再次，迎宾员要仪态优雅大方，站立要挺直，不要含胸、驼背、叉腰、靠物，走路应稳健，表情自然友善，面带微笑。

（2）对步行而至的宾客到来时的礼仪

宾客到来时，迎宾员要用心运用"接一、顾二、招三"的服务规范标准。

首先，迎宾员要主动上前正确运用亲切的问候。

其次，迎宾员要运用标准的手势进行服务：如用手示意客人进入酒店；不是自动门或旋转门，则要为客人打开正门；如客人行李较多，迎宾员应帮助客人提行李至大厅并交给行李员；凡遇老、弱、病、残、孕、幼的客人，要主动搀扶，倍加关心，切不可不为客人服务，甚至给客人白眼，不理睬客人的到来，冷漠对待客人。

（3）对宾客车辆到来时的礼仪

当宾客车辆停在酒店正门时，迎宾员应主动走上前并帮助客人开启车门迎接客人下车。一般先开启右侧车门，并用手挡住车门上方，以免客人碰头，同时微笑地用敬语向客人打招呼，并引领客人进店。对老、幼、病、残及女客人应适当扶助，并提醒注意门口台阶。雨天时还要为客人打伞，以防客人被雨淋湿。

（4）接待团体宾客时的礼仪

对待团体宾客，迎宾员更要注意工作规范。接待团体宾客时，应连续向宾客面带微笑地点头致意并躬身施礼。如遇宾客点头致意，要及时鞠躬还礼。为了使每一位宾客都能听到问候语，应不厌其烦地连续多次重复，问候时要目光注视宾客，不得东张西望或注意力不集中。

（5）送客离店的礼仪

客人离店时，首先，迎宾员应主动上前问候，并叮嘱客人是否将个人物品携带好。

其次，迎宾员要代客主动叫车，车停稳后替客人打开车门并请客人上车。如客人有行李，应主动帮客人把行李装到车上，并与客人核对行李件数，客人坐好后应为客人关上车门，切忌用力过猛或夹住客人手脚、衣物，关门后迎宾员应站在车斜方1米处，上身前倾15度，注视客人，微笑道别，并亲切地说"欢迎您下次光临"等。

2. 行李员的礼仪

（1）客人抵店时的礼仪

客人抵店时，首先，行李员应向客人微笑点头问候以示欢迎，然后帮助客人小心地卸行李、清点数目并检查有无破损。

其次，协助客人办理相关手续。客人在总台办理手续时，行李员应站立于客人身后约1.5米处，看管行李并随时听候吩咐。

再次，行李员在引领客人去房间时，要走在离客人二三步远的左前方，遇拐弯时，应侧身回头微笑示意，并提醒客人。

（2）引领客人进出电梯的礼仪

乘电梯时，行李员要注意位次礼仪。

首先，行李员应一手按住电梯门，请客人先进入。

其次，进电梯后行李员应靠近控制台站立并操纵电梯。

再次，出电梯时，要让客人先行走出。切忌与客人抢行，拥挤客人，使客人发生危险。

（3）引领客人进房间的礼仪

进房间前，首先，行李员应请客人稍候，然后先按门铃，再敲门，房内无人再用钥匙开门。

其次，开门后打开灯的总开关，退出并将钥匙交还给客人，请客人先进入，并按客人吩咐把行李放好。切记对行李要轻拿轻放，不得摔、碰，行李要请客人清点确认，以免出现差错。

再次，服务完毕后应征询客人是否还有其他吩咐，如没有，则向客人告别，祝客人愉快，退出房间，轻关房门。

（4）当客人给小费时的礼仪

按西方礼仪要求，行李员为客人服务时，会得到客人的小费。但中国的客人按传统礼仪规范，有时并不给行李员小费。所以，当行李员得到小费后，应向客人道谢，并礼貌离开，切记不要当着客人的面数小费，更不要挑三拣四。当客人不给小费时，也要尊重客人，切忌向客人伸手索要小费或露出不屑的神情，使客人生气，影响酒店的整体形象。

3. 总台服务礼仪

总台是酒店的中枢，起着对内协调、对外联络的重要作用。总台服务质量的好坏在很大程度上影响着客人对酒店的满意程度，为此，总台服务人员在工作中应做好以下几方面的礼仪要求。

（1）接待问询的礼仪

酒店总台服务员在问询服务工作上，要做到耐心准确。

首先，在服务时要站立服务，精神饱满，举止大方，彬彬有礼。

其次，当客人到总台时，服务人员应当放下手头工作热情接待来宾，如果特别忙碌，应请客人稍候，并致歉。

（2）答复问询的礼仪

首先，酒店总台服务人员要全神贯注地倾听客人提出的要求并尽量给予满足，给予帮助。

其次，对不确定的问题，切忌不懂装懂。应向客人表示歉意后迅速查阅相关资料或向他人请教，然后答复客人。当客人犹豫不决时，服务人员可适时介入，热心参谋，但切忌干涉客人私人生活。

（3）接待住宿的礼仪

首先，服务人员对每一位来店宾客，都要热情问候。如："你好，欢迎光临。"对宾客的要求要尽量满足，如无法满足应致歉并提出可行的建议，切忌以"不行"、"没有"回绝客人。

其次，服务人员在办理手续时要认真、快捷，双手递还客人证件并予以感谢。

再次，服务人员将钥匙递给客人时，态度要热情，并伴之以简单的礼貌用语，切忌将钥匙不作声地扔给客人。

（4）处理客人投诉时的礼仪

对待投诉，总台服务人员尤其要慎重对待，不要因此影响酒店的形象。

首先，当客人前来服务总台投诉时，应起身热情接待，请客人就座。如果客人执意不坐，接待人员也不要坐。

其次，耐心倾听，并给予安慰。对客人的投诉要以慎重、富有同情心的态度仔细倾听，对投诉所反映的问题要仔细询问，当面记录，以示郑重。

再次，合理解决投诉问题，尽量让客人满意。必要时可以找相关负责人出面解决，以示对客人的尊重。

（5）电话总机服务礼仪

总台电话总机服务人员，是酒店的窗口人员，要注意接打电话的行为礼仪。

第一，凡有来电应在铃响三声之内接洽。

第二，服务人员应用语文明、吐字清晰、语言亲切、音量适中。

第三，要注意聆听客人讲话，不可随意打断对方，重要话语应加以重复、附和，并作出积极反馈。

第四，对语言表达不畅的客人要有耐心。

第五，对待客人留言应主动及时，接转电话准确无误，叫醒服务认真负责。

（6）严格遵守保密制度

首先，要保护客人个人隐私。多数情况下，在接外来询问电话或外来者询问时，不要向问话方直接提供客人姓名、房间号码及任何有关客人情况。

其次，服务工作人员切忌在工作中利用工作之便，偷听或打电话骚扰客人，造成不良影响。

6.1.2 客房服务礼仪

把客房建成"客人的家"一直是酒店追求的目标。能否把客房置办得像家一样，在整个酒店中有着举足轻重的作用。作为工作人员的客房服务员，必须为客人提供标准化、规范化的服务，首先要做好相应的准备工作，了解宾客的各种情况和检查酒店的设备设施是否完善齐全，并做到"六无"，即客房卫生要做到无虫害、无灰尘、无碎屑、无水迹、无锈蚀、无异味的标准；其次，客房服务人员还要遵从酒店待客相应的礼节规范。

1. 迎宾礼仪

首先，梯口迎接。服务人员将客人引领到楼层后，应面带微笑，致欢迎词，如"您好，欢迎您"。对老、弱、病、残、孕、幼宾客应主动给予关心帮助。

其次，端茶送巾、介绍情况。客人进入房间后迎宾服务员应及时送上茶水、香巾，同时自我介绍并表示"很高兴为您服务"。

再次，问清客人暂无其他需要后，礼貌离开，不要逗留。离开房间时要先退两步再转身走出房间，轻轻将门关上。

2. 清扫客房的礼仪

客房服务人员要按照客人接待规格和酒店规定整理房间，打扫时需开门进行。要注意"三轻"。第一，走路要轻。为了不打扰客人，客房服务人员在清扫房间时，切忌大声走路或跑步跺脚。第二，说话要轻。服务人员在工作过程中不可大声叫喊，以免影响客人休息或对外造成素质低下的不良影响。第三，操作要轻。清扫房间和整理房间动作要轻，客人的物品清扫后应放归原处，损坏客人物品要勇于承认并道歉、主动提出赔偿事宜。为表示对客人的尊重，切忌未经允许随便丢弃客人物品，包括纸条等小物品。

3. 在酒店遇见客人时的礼仪

在酒店，客房服务人员均应向遇见的客人主动问候，遇到认识的老客户有时还要招手致意，热情寒暄。一般情况下，服务人员在楼道里应沿着墙边走，如遇客人迎面到来，应放慢行走速度，在距离客人二三米处停止，站立，向客人微笑问好。切忌与客人抢行或从谈话的客人中间插过。如手持重物或推手推车，需客人让行时，应礼貌地说明并致歉。

4. 进入客房时的礼仪

服务人员进客人房间前要先敲门，客人准许才可进入；若客人不在，应事前与客人说明缘由，才可开门进入。敲门的方法是：用食指、中指关节的力量敲门，力量应适中，缓慢而有节奏地叩两三下，切忌按门铃按住不放或大声敲门。进入后若客人在，要先主动问候，以示"打扰了"；若客人不在房间，不要乱动客人的个人物品，办完事情后轻轻地离开，保留客人原来房间的样子。

5. 安全防范，为客人保密

客人入住酒店后，酒店应全方位地尽量满足客人，并为客人提供高质量的服务。安全保密工作也不例外，服务人员在工作中安全防范意识要强。其一，在客人个人人身安全方面要注意防范。其二，在面对没有证实而要求进入客人房间的客人时，服务人员不要将客房钥匙随便交给他人。其三，注意保守客人私密，不要将客人情况告诉无关人员，不要将不认识的来访者带入客人房间。

6. 提高警惕，防止意外

在酒店，服务人员对待客人应比对待家人还要细心周到。为防止意外发生，如酒店服务人员对醉酒的客人要特别照顾，可以帮助客人回房间或提供一杯醒酒的饮品；患病客人或个别超过起床时间仍无动静者，必须小心谨慎，提高警惕；发现客房内有从事非法活动或大声争吵等不正常情况应立即报告主管人员,以提高警惕,保护客人利益。

7. 送客礼仪

酒店服务人员应提前了解客人进店的时间及所乘交通工具的种类。

首先,要做好客人离店准备。客人离店前问清客人是否需要提前用餐,而对于早晨离店的客人是否需叫醒服务等。

其次,帮助客人办理离店的有关手续。叮嘱客人个人物品是否携带齐全。

再次,客人离开楼层时,帮助提拿行李,服务人员要送至电梯口,礼貌地说"欢迎您再次光临"等。

8. 客人将物品遗忘在房间时的礼仪

客人走后,客房服务人员应迅速进入客房,检查客房。

第一,检查是否有客人遗忘的物品。如有客人遗忘的物品,则立即派人追送;如送不到,应交总台登记保管,待客人回来认领。切忌将客人遗忘的物品私下隐藏起来,或作为垃圾处理掉。

第二,检查是否有酒店丢失物品。如有丢失的物品,也不要惊慌,应立即报告主管人员,礼貌询问客户,冷静处理。

酒店的客房日常服务量较大,涉及面广,变化性多,综合性强。一些具有良好声誉的酒店一般都要做好"八字"——迎、问、勤、洁、灵、静、听、送;"五声"——迎送声、告别声、致谢声、道歉声、慰问声;"五个服务"——主动服务、站立服务、微笑服务、敬语服务、灵活服务;"礼貌十一字"——您、您好、请、谢谢、对不起、再见等规范性服务。总之,客房服务质量的好坏,取决于服务人员的素质、经验及礼貌程度。作为酒店"软件"的服务人员,应不断提高业务水平和服务能力,不断提高自己的工作主动性和积极性,这样,才能适应飞速发展的社会需求。

6.1.3 餐厅服务礼仪

餐厅是宾客就餐的场所。若按具体分工来讲,餐厅服务工作人员有领班、领台、值台、传菜员、酒水员、收款员等。为了随时适应任务变化的需要,各工作岗位上的餐厅服务人员,不仅应该全面掌握餐厅服务中心的各项业务技能,而且也必须懂得和遵守服务中心的各项礼节礼貌,这对酒店的形象与发展极为重要。

1. 迎候及引座礼仪

(1) 迎客的礼仪

迎接客人时,服务人员横排对称站立餐厅门口的两侧并热情服务,做好以下两点基本工作。

第一,仪表卫生,整洁待客。仪表清洁卫生,是酒店各个岗位的服务人员都应做到的基本要求,对餐厅服务人员来说,要求则更严格。很难想像,一个头发蓬乱、遍身油污的人迎接客人进入餐厅,会使客人有胃口就餐。

第二，站立服务，礼貌待客。服务人员应面带微笑迎接、热情问候，如"欢迎您来用餐"；切忌因忙碌对客人不闻不问。在客人允许下要帮助客人脱下外衣，拿雨伞和包裹，然后向客人问明是否预订位置和就餐人数，并将客人引至桌边，为女士拉椅，帮助入座。

（2）引客入座，因人而异

餐厅服务人员为客人引座时，应注意就座的位次礼仪规范，应因人而异，一般遵循尊重客人，方便客人，为客人着想的原则。比如，贵宾光临要安排最好的位置；对于夫妇恋人应引到安静幽雅的地方；对于老人或行动不便者应安排在出入方便的地方；带小孩的客人应安排在孩子影响不到其他人的位置；个人单独用餐可安排在窗边的位置等不同的引客入座方式，并告诉客人此举对其的便利。

（3）正确引座的礼仪

首先，要主随客便。餐厅空位多时，服务人员应让客人挑选其满意的位置。其次，致歉并引领客人等候。当餐厅暂无空位时，则礼貌地如实告知客人应等大约多长时间才能有座位，此时由客人决定是否等待。如客人愿意等待，服务人员则应将客人引至休息处，并斟茶倒水，给予歉意的问候与安慰；如客人时间有限，可建议去其他利于客人消费的餐厅，并礼貌地致歉道别，切忌不理不睬，冷落客人。再次，礼貌在先，合理并桌。有时，客人急于就餐，又不想去其他餐厅时，可以事先征求就餐双方客人的意见，在征得双方同意后，才可与有客人的桌子并桌。

2. 餐前服务礼仪

（1）斟茶礼仪

在客人就餐前，服务人员要为客人斟茶。在为客人斟茶倒水时以倒至水杯3/4处为宜，切忌倒满；斟茶时不可碰到嘴唇所触的杯口部分，茶杯的柄要转到客人右手顺手可握的角度；应从客人右边斟茶，且要先给女主人或女宾斟茶倒水。有时，为了保证茶水的浓度适宜，可以采用"轮回倒法"，然后一一递送给客人。

（2）递送菜单的礼仪

客人落座后，服务人员首先要及时递送干净、无污渍的菜单，递送时应从客人座位左侧双手递上，态度要恭敬，一般先给女客或长者；其次，不马上要菜单，呈上后应离开一会儿，让客人从容选择至少5分钟后再回桌边和蔼地询问客人是否准备点菜。再次，认真记录菜名，服务人员应用记录簿记录下每一道菜名后立即向客人重复一遍，以免记错。如客人对菜名不熟，应根据客人性别、身份、籍贯主动推荐菜肴，切忌一味推荐高价菜肴，引起客人反感，更不可以服务人员随意用脑记菜单或将菜单丢在餐桌上一走了之。

（3）为客人敬烟的礼仪

宾客有意吸烟时，服务人员应及时主动上前帮忙点火。方式一：用打火机为客人点烟时要斜递过去，态度要恭敬，且火焰大小适中。方式二：用火柴给客人点烟时，划火后要稍停，待火柴气味散发后再给客人点烟，礼貌起见，点一次火只为一位客人点烟，以示尊重。此外，服务人员还要及时更换烟灰缸，烟灰缸中有两三个烟头时，就要更换，换烟灰缸时要用一只清洁的烟灰缸盖住脏烟灰缸,一并拿走后取掉脏烟灰缸,把清洁的烟灰缸放回桌上,以免烟灰飞扬弄脏菜肴。

3. 上菜与撤盘的礼仪

（1）明确上菜的顺序

在上菜时,服务人员要按中餐上菜的顺序:先酒后菜;先冷后热;先咸后甜;先厚味后清淡;先荤后素;先菜后汤等。在上菜过程中,服务员要一一介绍菜名及特色,上完后再上点心和水果,客人点菜后,要保证10分钟内凉菜要上桌,热菜也不超过15分钟,以免客人等候时间过长。饮料和汤水应先为女士或长者盛上,酒、饮料要用右手从客人右边一一斟上,并礼貌问候。

（2）遵守上菜的礼仪

首先,在上菜时,要从客人的左侧上菜,一般不要在主宾和主人之间,速度要适中;其次,每上一道菜,应介绍菜名并将转台旋转一周,让客人看清楚;再次,带头的菜,如全鸡、全鸭头部一律朝右,脯部对着主人。上菜完毕后说"您的菜已经上齐了",在上菜过程中,若不小心将菜或汤洒落在客人身上,要及时主动道歉并及时解决问题。

（3）上菜端盘的礼仪

服务人员在传菜时要使用托盘。首先,走菜时,走路要轻,要保持身体平衡,端平走稳,保证菜及汤汁不洒、不滴。其次,端菜时,服务人员端菜时手指不能触及盘碟上口或浸入菜或汤内,服务人员的左手拇指要跷起,不要按着盘子的边缘,更不能将大拇指插入菜或汤中。再次,摆菜时,操作要轻,并将荤素与菜肴色泽搭配起来,形状要美观大方。切忌将菜肴胡乱地堆放到客人的餐桌上,使客人不满意。

（4）撤菜的礼仪

撤菜要征询宾客的意见,除空碟外,收撤菜碟应先征得客人同意。收桌具及污碟时应用右手从客人右边撤下,先收银器、筷子,后收碗、勺、调料碟、水杯。切忌在客人面前刮盘子或传递污碟或将客人还没吃完或正在食用的菜肴撤下,甚至不小心弄脏客人的餐具等行为。

4. 客人进餐过程中的礼仪

（1）客人进餐时的服务礼仪

为使客人满意进餐,在客人进餐时,服务人员的工作要求要细心周到。不仅要求服务人员做好相应的本职工作,还要对客人就餐过程中发生的事情作出及时的处理。比如:服务人员要为客人及时添加饮料、更换烟灰缸;餐具如果落在地上要更换,不可擦拭后重上;撤餐碟前要征求客人的意见;桌上菜快吃完而仍有菜未上时,要及时催取;桌布弄脏了要用一快餐巾垫在上面;为客人调节窗帘、调整音乐音量及空调温度等。

（2）服务人员处理投诉时的礼仪

即使服务人员的服务很周全,但也会有时因种种原因让客人不满意。对待客人的投诉要做到"两心,一尊","两心"指耐心和诚心,"一尊"指尊重客人的要求。如当客人对服务和菜肴提出问题时要耐心地倾听并诚心地给予解答;客人进餐若有异常反应,桌子上的所有菜肴都不要撤掉,要尊重客人的需求,立即请有关人员处理,以示尊重;如菜有质量问题,可以告知客人要另做一份或不收该菜费用。总之,处理客人投诉要有耐心、诚恳,切忌与客人动怒或与客人争吵。

5. 就餐完毕后的服务礼仪

(1)结账礼仪

结账也是服务的重要一环,客人就餐结束后,招呼服务人员时,服务人员要及时送上账单。结账应注意一些细节问题,服务人员要想周全,如结账时客人为两位异性客人,账单要先给男士,以尊重男士的风度;多人用餐时要问结账的主人是谁;无人结账时要了解清楚是否为其他结账方式等。送账单和找钱要用小托盘,账单要核算准确,不要把很旧的钱币找给客人,结账的账单有出入时要同客人沟通处理好再结账。

(2)送客的礼仪

客人离去时服务人员要有送声,提醒客人不要遗忘物品,并毕恭毕敬地说:"欢迎再次光临。"当客人走出店门时,两旁的迎宾应主动向客人致意,欢迎他们再次光临,给顾客留下好印象。切忌不闻不问,人走茶凉。待客人已经走出店门,服务人员才可撤台,重新摆台,撤台时要轻拿轻放,以免影响其他客人用餐。

6. 特殊人群要特殊对待的服务礼仪

有时酒店也会接待特殊的人群,服务人员更要把握工作方式,特殊对待,尊重为本。如对于盲人就餐时,服务人员应读菜单,并告诉客人菜肴所在的具体位置;对聋哑客人,可适当打简单的手语或用书写的文字交流;对于儿童要提供儿童座椅或儿童娱乐的项目,有时还要帮助客人看护儿童,以确保大人放心就餐等不同的用心服务方式。总之,在对待老、弱、病、残、孕等特殊人群客人时,服务人员应更加主动、热情、周到,切忌不理不睬,冷眼相对,损害酒店的形象。

 **粘贴板**

啤酒知识讲给你听

啤酒的度数——啤酒的度数实际上指的是麦汁浓度,12度的啤酒是用含糖量为12度的麦芽汁酿造成的啤酒。成品啤酒的含糖量在1.5%~2.5%之间。而啤酒的酒精含量多数在3.5%~4%之间。啤酒的度数和白酒度数的含义是两码事,白酒的度数是其酒精含量。

啤酒中泡沫的作用——啤酒中的泡沫可使啤酒具有清凉爽口、散热解暑的作用。因为泡沫是由于啤酒中充满二氧化碳而促发起来的。这些二氧化碳进入胃后,遇热膨胀又通过打嗝排出体外,从而带走体内部分热量,达到散热解暑的功效。

> 啤酒的营养价值——啤酒素有"液体面包"之称,即为营养食品,1962年6月1日在墨西哥召开的第九次世界营养食品会议上,把啤酒正式列为营养食品。这是因为,啤酒具备营养食品三个重要条件:① 啤酒含有多量和多种氨基酸;② 啤酒含有较高的发热量;③ 易被人体消化和吸收。
>
> 资料来源:http://www.coco-bar.com/bar-txt12.htm.

◇ 指导书

1. 提出项目任务

(1)教师提出项目名称:酒店服务礼仪知识竞赛。

(2)学生根据教师提出的项目任务进行讨论,最终确定具体的项目任务。

可以根据具体的课时及教学条件选择适合的项目任务。

2. 明确学习目标

学生根据具体的项目任务,与教师一起讨论本项目的学习目标:

① 能够掌握服务人员在酒店前厅工作岗位上的服务礼仪规范;

② 能够掌握服务人员在酒店客房工作岗位上的服务礼仪规范;

③ 能够掌握女性服务人员在酒店餐厅工作岗位上的服务礼仪规范与技巧。

3. 相关知识学习

学生与教师一起讨论要完成项目任务所需的相关知识点。由学生对已学过的旧知识进行总结回顾,教师对学生尚未掌握的新知识进行讲授或学习方法的指导。

教师在相关知识学习的过程中应该成为学生选择学习内容的导航者。

4. 制订工作计划

建议本项目采用小组工作方式。由学生制订项目工作计划,确定工作步骤和程序,并最终得到教师的认可。

此步操作中,教师要指导学生填写项目计划书(项目计划书样式见书后附录A)。

5. 实施工作计划

学生确定各自在小组中的分工以及合作的形式,然后按照已确立的工作步骤和程序工作。

在实施工作计划的过程中,教师是学习过程的咨询者和参谋。教师应从讲台上走下来,成为学生的学习伙伴,解除不同特点的学生遇到的困难和疑惑并提出学习建议。

项目实施过程中,教师要指导学生填写小组工作记录(小组工作记录样式见书后附录B)。

6. 成果检查评估

先由学生对自己的工作结果进行展示,再由教师对工作成果进行检查评分。师生共同对项目工作中出现的问题进行分析,找出解决问题的办法,为今后的项目学习打好基础。

◇ 评价表

1. 评价标准

酒店服务人员礼仪规范评价标准表

评价项目	评价要求	评 价 标 准
前台服务礼仪	迎宾服务	1. 迎宾员着装得体，仪态大方 2. 接待宾客时礼貌到位 3. 送客离店不失礼节 4. 处理客人投诉合情合理 5. 接打电话符合礼仪规范
客房服务礼仪	迎客服务	1. 接到接待处客人到达的通知后，落实一下房间的号码和人数 2. 到楼梯口或电梯口等候客人的到来 3. 客人到达时，按住电梯按钮，微笑相迎，并主动问候 4. 查验住宿凭证
客房服务礼仪	引领客人入房	1. 帮助客人提运行李 2. 在客人左前方引领客人 3. 简略介绍客房的情况 4. 到客房门前，先核对，再按门铃；若无人回应，用钥匙打开房门 5. 请客人进入房间，帮助客人放好行李
客房服务礼仪	介绍客房服务项目	1. 向客人介绍客房内设备和使用的方法 2. 向客人道别，面对客人倒退，轻关房门
客房服务礼仪	填表	认真填写客房状态报告表
餐厅服务礼仪	引领客人	1. 客人来到餐厅后，迎宾员应礼貌地问候客人 2. 在确认客人的餐饮预订后，引领客人到指定餐位 3. 引领员在值台员的协助下为客人拉椅让位
餐厅服务礼仪	餐前服务	1. 值台员为客人铺上餐巾 2. 值台员开始从主宾右侧依次服务小毛巾 3. 迎宾员为主宾打开菜单第一页，将菜单送于主宾手中
餐厅服务礼仪	茶水服务	1. 值台员征询客人意见，选择茶叶种类 2. 值台员制备茶水 3. 遵循服务次序为客人依次服务茶水
餐厅服务礼仪	点菜服务	1. 值台员向客人介绍菜单内容及餐厅特色菜肴，帮助客人选择菜肴食品 2. 当客人点菜完毕后，值台员应复述客人点的菜内容，以免出错 3. 将点菜单分别送至传菜间、厨房和收银台 4. 点菜服务结束后，为客人进行酒水单的确定 5. 在客人右侧为其撤掉筷子套

续表

评价项目	评价要求	评价标准
餐厅服务礼仪	用餐服务	1. 为客人上菜，并准确报出菜肴的名称 2. 随时注意观察客人台面情况，及时为客人添加酒水 3. 随时撤下空盘、空碗 4. 及时为客人撤换烟灰缸 5. 及时满足客人在就餐过程中的各种要求 6. 随时注意清理台面卫生 7. 当客人就餐完毕，服务人员征询客人同意后，方可将餐具撤下 8. 为客人送上水果拼盘
	征询客人意见服务	1. 客人就餐完毕后，服务人员要再次为客人服务小毛巾 2. 餐厅领班在不打扰客人谈话的前提下，主动向客人征询对本餐厅的服务和菜肴食品的质量意见 3. 如果客人表示满意，餐厅领班应表示真诚的感谢 4. 如果客人提出意见，餐厅领班应认真记录，真诚地感谢客人对餐厅的建议
	结账及送客	1. 核对账单内容是否准确 2. 将账单夹在账单夹内，从主人的右侧将账单递送给主人，请客人结账 3. 客人结账时，值台员应真诚地感谢客人 4. 客人离开餐厅时，迎宾员应将客人送至餐厅门口，并感谢客人的光临

2. 评价表

酒店服务人员礼仪规范评价表

考核项目	考核要求	是否做到		改进措施
前台迎宾礼仪	1. 迎宾员着装得体，仪态大方	□是	□否	
	2. 接待宾客时礼貌到位	□是	□否	
	3. 送客离店不失礼节	□是	□否	
	4. 处理客人投诉合情合理	□是	□否	
	5. 接打电话符合礼仪规范	□是	□否	
客房服务礼仪	1. 迎客服务令客人满意	□是	□否	
	2. 引领客人规范	□是	□否	
	3. 介绍客房到位	□是	□否	
	4. 填写客房状态报告表完整	□是	□否	
餐厅服务礼仪	1. 引领客人	□是	□否	
	2. 餐前服务	□是	□否	
	3. 茶水服务	□是	□否	
	4. 点菜服务	□是	□否	
	5. 用餐服务	□是	□否	
	6. 征询客人意见服务	□是	□否	
	7. 结账及送客	□是	□否	

子项目6.2 快餐店服务礼仪

◇ **新任务** 组织一次快餐店服务礼仪知识讲座。

1. 准备快餐店服务礼仪知识讲座人选；
2. 准备快餐店服务礼仪知识讲座内容；
3. 讲座演讲进行展示。

◇ **知识点**

6.2.1 店员仪表礼仪

仪表，即人的外表，包括容貌、举止、姿态、风度等。对于快餐店而言，店员的外表形象就像餐厅的一面镜子，通过他们可以看出整个快餐店是否达到卫生方面的标准。试想一下，一个拥有蓬头垢面的店员的快餐店，它的整体卫生状况是怎样的。因此，快餐店的店员应做好以下基本服务礼仪要求。

1. 仪表要整洁端庄

店员应穿着统一、干净、整洁的工作服，佩戴好工作岗位牌，并保持衣服的干净整洁。店员要注重着装的整体美与配饰的整体美，着装的整体美是指服装本身的色彩、图案、款式、质料和风格等方面与人体相匹配，造就一种和谐的统一；配饰的整体美是要求同时佩戴几种饰品时，要在色调、光泽、材质、形态、寓意和风格上取得相应的协调与一致，但在一般情况下，店员不允许佩戴任何饰品。

2. 仪容要符合岗位要求

店员的头发、手、脸等部位要注意清洁、无异味，不留长指甲和给指甲涂上鲜艳的颜色。注重仪容修饰，男店员不留胡须，不留长发，女店员不浓妆艳抹，不佩戴首饰，不染烫怪异的头型，应给顾客一种清新、自然、行动快捷的干练形象。具体而言，头发——男，头发不得有油腻和有头屑，而且不得过长（留企业规定的长度）；女，头发梳洗整齐，长发要捆绑好，不得戴太夸张的发饰，只宜轻巧大方的发饰，头发不得掩盖眼部或脸部。脸部——男，不得蓄须，脸部要清爽宜人，口气清新；女，不得抹太多胭脂水粉，只宜稍作修饰，淡扫娥眉，轻涂口红，轻抹胭脂便可。脚部——男，清洁的鞋袜、鞋子每天上班前要擦亮；女，清洁的鞋袜，不得穿颜色鲜艳的袜子，鞋子每天上班前要擦亮。

3. 店员切不可穿奇装异服

打扮另类，给顾客留下极坏的印象，或使顾客感到不可思议，甚至害怕进来就餐，敬而远之。店员应该根据职业特点，多选择色彩凝重或醒目、沉稳且合体的服装作为自己的职业服装，这样对外才具有影响力，能在短时间内凝聚起权威、讲信义的气质印象。

6.2.2 店员走动服务礼仪

当今餐饮业的服务，已从程序化、标准化、规范化跨入了个性化、细腻化、多样化、人情化的层面，不过分强调台面餐具摆放的具体尺寸、距离标准，而更注重实用性，摒弃了站立服务、提倡走动式服务，在走动中观察客人、满足客人的需求，使快餐店的服务更突出店随客便、以客为尊。

（1）快速指服务顾客必须在最短的时间内完成。为了便利顾客，在走动服务过程中，首先，店员应严格遵守店内对店员仪表的相关规定，时刻注意个人仪态，微笑服务，走姿大方优雅。店员在营业期间时刻注意走动式服务，不断在自己的工作区域巡视，不断发现问题，解决问题，避免发生问题。如果在问题发生以前就在萌芽状态下解决，那样就不会有令顾客不满意的问题了。

（2）店员应随时准备为顾客提供细心周到的服务。例如，收捡碗碟或一次性的餐盒用具时，要等顾客就餐完毕时进行，或征询未就餐完毕的顾客的要求进行；服务时动作要轻而快，不要声响太大，以免影响其他顾客的就餐。

（3）注意自身仪态

店员在为顾客提供打扫卫生服务时，也要注意自身仪态。行动应快捷，动作应轻而利落，同时，又要保持良好的仪姿仪态，不影响顾客就餐的情绪。对就餐顾客要礼貌地说："对不起，打扰一下。"

6.2.3 店员为顾客盛餐的礼仪

而今的快餐店，大多数采用"自我服务"的方式，即店员将收银、开票、供应食物三个动作集于一身。为了更快捷准确地服务顾客，店员在为顾客盛餐时应注意以下几方面的礼仪规范。

（1）专餐专用

店员在为顾客盛餐时，不同的食物应使用不同专用的盛餐用具，这就要求店员要事先准确记住盛餐的各种餐具。盛餐时的食物量一定要符合店内的相关规定，准确无误，不应针对不同的顾客给予不同的量或缺斤少两，让顾客不满意。

（2）盛餐要准确无误

为避免盛错饭菜的情况发生，使顾客感到不愉快，店员为顾客盛餐时，应听清并马上记住顾客所需菜肴及主食的名称，并主动同顾客当面核实，说："您好，您要的快餐是×××，对吗？""好，请您稍等。"这样，店员就能做到盛餐既快又准。

（3）盛餐动作要干净利落

店员为顾客盛餐时，动作要快速且干干净净，不要一路哩哩啦啦，丢三落四，给顾客一种不放心的感觉。

6.2.4 餐具卫生礼仪

餐具消毒是切断传染病传播途径的重要措施，也是保障就餐群众健康的重要环节。由于现代社会传媒的高速发展，健康理念深入人心，人们对食物的营养、卫生方面的要求有了显著的提高，快餐业也不可能仅仅停留在快速填饱消费者肚皮的浅层次上。俗话说，"病从口入"，人们日常饮食卫生直接关系到身体的健康。因此，快餐店应把饮食卫生控制作为运营管理中非常重要的组成部分，盛放快餐的餐具也要严格要求保证其卫生性。例如，身为快餐行业的麦当劳，其著名的"QSCV"经营理念也体现了麦当劳对于卫生管理的重视程度。肯德基对产品卫生的要求达到了苛刻的地步。"有一次，一个顾客在肯德基餐厅里用餐后拉肚子，结果肯德基赔偿她40万美元。"

1. 快餐的餐具应进行标准有序的清洗和消毒

盛餐用具应清洁无油腻，感官检查为光、亮、涩、干。负责餐具消毒工作的专职人员应身体健康，持健康证和卫生知识培训合格证上岗，工作认真。餐具清洗消毒必须严格按一刮、二洗、三冲、四消毒、五保洁的顺序操作。餐具消毒应达到下列要求：煮沸—餐具浸没水中煮沸不少于5分钟；蒸汽—流动蒸汽保持不少于10分钟；药物—在规定浓度下浸泡不少于3～5分钟。

不同消毒方法的餐具消毒效果不同。有蒸汽消毒、煮沸消毒、化学药物浸泡、电子消毒柜及洗碗机等。据文献报道，消毒合格率分别为73.5%、70%、47.1%、61.6%、77%，没有任何消毒措施的餐具消毒合格率仅为26.7%。由此可见，蒸汽、煮沸消毒餐具合格率最高，其次为电子消毒柜，化学药物浸泡最低。

快餐垃圾应密封存放，废弃物专用容器盛放，做到不暴露、不积压、不外溢。做到日产日清，以免对顾客健康造成危害。

2. 消毒完毕的餐具应立即放于清洁的橱、柜内保洁，防止再污染

对于餐柜和盛装器具也应及时做好卫生清洁及消毒工作，使顾客到快餐店吃上放心、可口的饭菜，以招揽顾客。

6.2.5 语言服务礼仪

语言是人心灵的体现，是表现人们心灵的窗口。我们从中可以看到一个国家、一个民族的精神面貌，一个人的语言可以表现一个人的道德水准和教养水平，同时体现所在单位的良好形象。古人说："良言一句三冬暖，恶语伤人六月寒。"可见择言选语是何等的重要。鲁迅先生也说:"语言有三美,意美在感心,音美在感官,形美在感目。"令人"三感"美,贵在语言的表达上,希望每句话都能使人心暖"三冬",情感"三美"。

因此,快餐店的服务人员在工作时,应讲好普通话,用好礼貌语,如"欢迎光临"、"您好"等。服务人员应坚决杜绝使用污言秽语,不要对顾客说粗俗下流的语言,或者用语言刺激顾客,使顾客心理受到伤害。一般地,店员的语言要遵循以下几点礼仪要求。

1. 语言表达要柔和动听

语言的生动效果常常是依赖语言的变化而实现的。语音变化主要是声调、语调、语速和音量。如果对这些要素的变化控制得好,会使语言增添光彩,产生迷人的魅力。一般情况下,对音量的控制要视谈话的地点、场合及听众人数的多少而定。在不同的场合应当使用不同的语速,谈话时的速度可以表达一定情感,速度适中可以给人留下稳健的印象。

2. 语调要恰当、富有节奏

根据自身和对方顾客思想感情表达的需要,必须恰当地把握自己的语调,同时语言清楚明白。说话时要综合把握,形成波澜起伏、抑扬顿挫的和谐美,以收到最佳的交际效果。讲话时语调应有起有伏,时急时缓,抑扬顿挫,让人感到生动活泼,避免过于呆板的音调。

3. 发音音质纯正,语句要流畅

讲话时应避免口吃、咬舌或吐字不清的毛病。口齿不清者可以把讲话的速度尽量放慢,操之过急往往会使口齿不清的毛病更突出。另外,无论将音量控制在什么程度,发音要纯正饱满。

4. 语言要清晰明白

要使语言清晰明白,要注意:第一,不要随便省略主语;第二,切忌词不达意;第三,要注意文言词和方言词的使用和说话的顺序,同时还要注意语句的衔接,使话语相连贯通,严丝合缝。

此外,服务人员切忌使用顾客感觉别扭的语言,如"您要点什么"等,使顾客感到心情不愉快。有关专家列举了12种使对方讨厌的说法,这就是:语气暗淡;声调激烈;吞吞吐吐;疑虑重重;单方冗谈;立即反对;自满自夸;妄自菲薄;强词夺理;词语冷僻;冷嘲热讽;阿谀奉承。总之,店员的语言礼仪要点是让双方感到舒心,既要让对方有受尊重的感觉,又让自己的服务有受肯定的感觉,这是店员语言礼仪的最高境界,也是快餐店语言服务形象的最高境界。

6.2.6 送餐服务礼仪

送餐服务是快餐店按照顾客指定的地点、时间,将顾客预订的食品送餐上门的服务。随着人们生活节奏的加快和生活方式的改变,送餐服务已成为快餐店经营的延伸方式之一,是快餐店提高经济效益的一种重要手段。

(1) 送餐要准确

服务人员在为顾客送餐时,应按照客人的需要保证饭菜质量,不以偷工减料的食物来欺骗顾客。

(2) 送餐要及时

服务人员送餐过程中应选择最佳的路线及交通工具,及时将餐送到,不要耽误了顾客吃饭或工作的时间。送餐时要先敲门,自报身份,等候客人开门,见到客人要问候,然后逐一报菜名,并询问客人的意见和要求。准备好账单为客人做好结账服务。如客人需要签单,则请客人在账单上签字。

服务人员若送餐迟到或未按客人的要求送餐,应真诚地向顾客道歉,并请求原谅,及时给予补救或听取顾客的建议与批评。不要将饭盒递给顾客后转身就走,给顾客留下坏印象。

粘贴板

麦当劳的服务

麦当劳公司的成功主要归功于它的 CIS 战略。麦当劳主要的品种是汉堡包。市场上绝大多数品牌的汉堡包质量较差、供应速度慢,服务人员态度不好,餐厅卫生条件差,环境嘈杂。面对这种状况,麦当劳决策者克罗克为适应顾客需求采取了 CIS 战略。具体地说,可分如下几点。

一、明确的企业理念

麦当劳的企业理念是"Q、S、C + V",即向顾客提供高质量的产品;快速、准确、友善的优良服务;清洁优雅的环境及做到物有所值。麦当劳几十年遵守这个理念,始终如一地落实到每项工作和员工的行动中去。正是这种企业理念,使麦当劳在激烈的竞争中始终立于不败之地,跻身于世界强手之林。

1. Q (Quality) 即质量

麦当劳制定了一套严格的质量标准。例如,要求牛肉原料必须挑选精瘦肉,不能含有内脏等下水货,脂肪含量也不得超过 19%,牛肉绞碎后,一律按规定做成直径为 97.5 毫米、厚为 5.65 毫米、重为 47.32 克的肉饼。马铃薯要贮存一定时间,以调整其葡萄糖的含量,并使用可以调温的炸锅来炸不同含水量的马铃薯。麦当劳的食品达到了标准化,做到了无论国内还是国外,所有分店的食品质量和配料都一样。公司还规定了各种操作规程和细节。如"煎汉堡包必须翻动,切勿抛转",等等。在保证质量的同时,还竭尽全力以求"快"——要在50秒钟内制出一份牛肉饼、一份炸薯条及一杯饮料,烧好的牛肉饼出炉后10分钟及法式薯条炸好后7分钟内若卖不掉就必须扔掉,并不是因为食品腐烂或食品缺陷,而是麦当劳的经营方针是坚持不卖味道差的东西,所以时限一过,就马上舍弃不卖。

2. S(Service)即服务

为了满足大批出门的旅客有休息和吃饭场所的需要,麦当劳在高速公路两旁和郊区开设了许多分店,在距离店铺不远的地方,装上许多通话器,上面标着醒目的食品名称和价格,使外出游玩和办事的乘客经过时,只需要打开车窗门,向通话器报上所需的食品,车开到店侧小窗口,就能一手交钱,一手取货,然后马上驱车赶路。为了让乘客携带方便,不使食品在车上倾倒或溢出来,汉堡包和炸薯条都被装进塑料盒或纸袋,塑料刀、叉、匙、餐巾纸、吸管等也用纸袋包好,随同食物一起交给乘客。在饮料杯盖上,也预先划好十字口,以方便顾客插入吸管。如此周到的服务,使这种生意几乎被麦当劳一家独揽了。

在麦当劳餐厅内就餐,还会受到微笑服务。"微笑"是麦当劳的特色,所有店员都面露微笑,让顾客觉得很有亲切感。另外,在美国,麦当劳连锁店和住宅区连接时,就会设置小型游乐园,让孩子能在此游玩,充分体现麦当劳的关怀。

3. C(Cleanness)即清洁

麦当劳对员工的行为规范中明文规定:男士必须每天刮胡子,修指甲,随时保持口腔清洁,经常洗澡,工作人员不留长发;女士要带发网;顾客一走便要清理桌面,丢落在客人脚下的纸片要马上捡起来。所有员工必须遵守这样一条规定:"与其背靠墙休息,不如起身打扫。"员工逐渐对这些规定形成认同,并养成良好的卫生习惯,只需几名服务人员就可以使店面保持常新,做到窗明、地洁、桌面净。顾客在这样一个环境中就餐,也都习惯于在离开前自觉将原盛放食品的纸盒、纸杯等扔到店内专设的垃圾箱内。

4. V(Value)即价值

麦当劳的企业理念,起初只有Q、S、C,后来又加上V。V表示价值,强调麦当劳"提供更有价值的高品质物品给顾客"的理念。

现代社会逐渐形成高品质的需求水准,而且消费者喜好也趋于多样化。如果企业只提供一种模式的商品,消费者很快就会失去新鲜感。虽然麦当劳已经很成功,但仍然需要适应社会环境和需求的变化,所以麦当劳开始强调V,即要附加新价值。为了彻底贯彻麦当劳的企业理念,麦当劳在芝加哥的总部派出"地区巡回督察团",每月不定期到各地经销店、公司直营店巡视,对全世界几千家连锁店一视同仁。督察团巡视完毕后,把审察结果向总公司或该地区的总部报告,如果审查结果不良,则该店的店长考绩就会受到影响。

资料来源:http://www.cehuacn.com/member/sca_view.asp?id=547.

◇ 指导书

1. 提出项目任务

(1)教师提出项目名称:组织一次快餐店服务礼仪知识讲座。

(2)学生根据教师提出的项目任务进行讨论,最终确定具体的项目任务。

可以根据具体的课时及教学条件选择适合的项目任务。

2. 明确学习目标

学生根据具体的项目任务,与教师一起讨论本项目的学习目标:

① 能够掌握服务人员在快餐店工作岗位上的服务礼节规范;

② 能够掌握服务人员在快餐店服务工作岗位上的服务礼仪技巧。

3. 相关知识学习

学生与教师一起讨论要完成项目任务所需的相关知识点。由学生对已学过的旧知识进行总结回顾,教师对学生尚未掌握的新知识进行讲授或学习方法的指导。

教师在相关知识学习的过程中应该成为学生选择学习内容的导航者。

4. 制订工作计划

建议本项目采用小组工作方式。由学生制订项目工作计划,确定工作步骤和程序,并最终得到教师的认可。

此步操作中,教师要指导学生填写项目计划书(项目计划书样式见书后附录A)。

5. 实施工作计划

学生确定各自在小组中的分工以及合作的形式,然后按照已确立的工作步骤和程序工作。

在实施工作计划的过程中,教师是学习过程的咨询者和参谋。教师应从讲台上走下来,成为学生的学习伙伴,解除不同特点的学生遇到的困难和疑惑并提出学习建议。

项目实施过程中,教师要指导学生填写小组工作记录(小组工作记录样式见书后附录B)。

6. 成果检查评估

先由学生对自己的工作结果进行展示,再由教师对工作成果进行检查评分。师生共同对项目工作中出现的问题进行分析,找出解决问题的办法,为今后的项目学习打好基础。

◇ 评价表

1. 评价标准

快餐店服务礼仪评价标准

评价项目	评价要求	评 价 标 准
快餐店服务礼仪	接待客人	1. 主动微笑地使用专业用语问候客人,快速准确地介绍快餐的种类 2. 合理安排客人排队等候及时间
	走动服务	1. 服务人员在工作岗位上耐心地做好咨询服务 2. 清理卫生的标准要既干净又快捷 3. 适时递拿餐巾、吸管服务 4. 打包食品服务细致到位
	盛餐服务	1. 外表整洁端庄,符合岗位要求 2. 要注意运用目光语,友善地对待每一位顾客 3. 要大方得体,站立姿势要规范,手势运用合理 4. 表达要快速清楚,运用普通话 5. 用礼貌用语问候顾客 6. 运用征询的语言同顾客交流 7. 菜单时,要认真倾听,不要中途打断对方 8. 菜单后及时交给传菜员 9. 听清客人要求或出现错误时,要及时纠正 10. 唱收唱付 11. 结账速度要准确快捷 12. 同客人核实快餐的种类 13. 祝客人就餐愉快

2. 评价表

快餐店服务礼仪评价表

考核项目	考 核 要 求	是否做到		改进措施
快餐店服务礼仪	1. 接待客人规范	□是	□否	
	2. 清理卫生的标准	□是	□否	
	3. 合理咨询	□是	□否	
	4. 快速准确地介绍快餐的种类	□是	□否	
	5. 盛餐服务周到快捷	□是	□否	

【项目总结】

本项目的主要内容如下。
(1) 酒店服务礼仪：前厅服务礼仪、客房服务礼仪、餐厅服务礼仪的规范。
(2) 快餐店服务礼仪：店员服务礼仪、店员仪态礼仪、为顾客盛餐礼仪、餐具卫生礼仪、语言服务礼仪、送餐服务礼仪。

通过本项目的学习，掌握酒店与快餐店服务礼仪的基本规范要求，不仅能更好地表达对服务对象的尊重，而且也反映服务人员良好的基本素质和修养，展示酒店与快餐店良好的企业形象。

【综合实训】

技能训练：酒店服务礼仪。
1. 训练目的：使学生能够熟练运用酒店服务人员礼仪规范要求并运用到实际操作中，掌握酒店前厅服务岗位、客房服务岗位与餐饮服务岗位的礼仪规范。
2. 训练准备：服装、酒店前厅室、客房、餐桌、餐具用品等；若条件允许可以同社会中的酒店进行顶岗实训项目。
3. 训练步骤。
(1) 按照教材提供的内容分组练习，练习内容有前厅接待服务、客房服务及餐饮服务。
(2) 学生着装整齐，按要求到达合适的服务岗位后，按组要求分别展示各项岗位服务规范。
(3) 教师或教师与实际酒店相关管理者对实训结果进行评价。

项目 7

旅游、休闲服务礼仪

◎ 【项目目标】

◇ 知识目标

1. 熟悉导游服务人员在接待旅游团、旅途讲解及保护旅途生活礼仪等基本规范要求;
2. 理解并掌握在康乐服务中不同服务岗位上应具有的行业服务礼仪规范。

◇ 技能目标

1. 具备根据不同行业服务工作岗位的要求掌握服务规范的能力;
2. 具有根据不同服务工作岗位的要求对服务礼节技能熟练操作的能力。

子项目 7.1　导游服务礼仪

◇ **新任务**　根据教师提供的案例,制订导游服务接待方案。

1. 教师提供案例;
2. 制订导游服务接待方案;
3. 导游服务接待方案评审。

◇ 知识点

7.1.1　接团礼仪

旅游活动是一种人际交往的活动,交际活动的成败决定着旅游活动的成败。而在旅游活动中最重要的服务角色就是导游员,导游员服务质量的好坏会直接影响到旅游公司的形象。具体而言,在接待旅游团时,一般要做到以下"四要"礼仪性工作。

1. 要认真听取工作安排

旅游公司在与旅游客户签订旅游协议后,首先要召集相关旅游景点的导游员进行工作的安排。要求导游员在工作时必须严谨、认真,时刻做好工作的准备。因此在接到接待任务时,应立刻到相关主管领导那里听取工作安排,熟悉和掌握整体的接待计划,注意接待时的要求和注意事项,以免在工作中造成失误。

2. 要掌握接待计划

导游员掌握接待计划尤其重要。首先,进行旅游团游客信息的采集,即应了解旅游团的基本情况,如旅游成员的国籍、姓名、职业、年龄、习惯等基本情况。其次,应了解接待的标准。对不同的旅游团体应采用不同的旅游标准以满足游客的不同需求,如相关景点的费用标准、接待标准、住房情况等。最后,应了解日程的安排。如旅游团抵、离的时间、交通工具类型等。

3. 要联络接待方

在旅游前,为保证全陪导游员全程陪同旅游团,为旅游团"领航",在旅游团到来的至少前一天,应主动与接待方联系好相应的接待旅游团的相关事宜,提前妥善安排好旅游的各方面接待工作。切不可出现没有接待方或接待方迟迟未到,不尊重旅游团,使旅游团大为扫兴。

4. 要做好出发前的准备

在旅游出发前,全陪导游员应准备好各种所需物品、相关资料和证件,为此次旅游工作的顺利完成并使旅游团体旅游愉快做好各方面的准备。如工作证、身份证、导游证、记事本、社团标志、费用资金等。如果需要导游员去外地接团,还应提前预订车票或机票并带在身边。切忌在出发前手忙脚乱、丢三落四,影响正常的接待工作。

7.1.2 迎接旅游团的礼仪

导游员在迎接旅游团时,也要做好以下相关的礼仪工作。

1. 首站迎接的礼仪

导游员是游客的主心骨。首先作为导游员应做好迎接工作,使客人倍感亲切和温暖,使游客"一见钟情",喜欢上导游员。为表示诚心的导游服务,导游员应着装规范,大方得体,并提前半小时到达接站处,精神饱满地迎接旅游团的到来。其次,在与旅游团的全体人员见面时,要主动礼貌问候,并核实队伍人数和行李等。再次,在接待途中要代表组团方和个人致旅游欢迎词,使整个团队的气氛热烈、温馨,给客人留下深刻的印象。

2. 导游员要认真核对商定的日程安排

为保证旅游日程的准确性,全陪导游员应与该旅游团的领队认真核实相关的日程安排,应尽量满足团内大多数队员的旅行要求，对已经确定好的日程安排，不应该太多改动。如遇到无法解决的问题，应及时与团队联系，给旅游团一个正确的答复，导游员是无权擅自更改旅游安排的。

3. 确认旅游团机票形式

旅游团的机票有两类：一种是"OK"票，一种是"OPEN"票。对旅游团的机票进行确认，看其是否持有"OK"票、"OPEN"票。如果持有"OK"票，应提醒接待方提前两天办理好座位确认工作；如果持有"OPEN"票，则应提醒接待方预订机位。所有事情应及早安排，以免耽误旅游团的行程，给旅游工作带来不良的影响和后果。

4. 核实实到旅游团的人数

虽然在接待准备前已经有旅游的计划人数，但为使工作做到万无一失，还应根据接待计划确认实到的人数、名单，以便更好安排。如果实到人数与计划人数不符，应立刻报告组团方，再由组团方与接待方联系，确定是否需要等候未到者。另外，接待计划应以组团方所制订的为主，避免大的改动；如有小的变动，应由领队向全团队员解释，切忌不核实人数、出现漏掉旅游人员的情况。

5. 导游员要关心旅游团队的健康问题

旅游是一件使游客身心愉快的事情，但游客的健康问题不容忽视。导游员应时刻关心团队每一位成员的身体健康，全面了解他们的健康状况，以便对其进行更好的安排和照顾，保证旅游服务到位。切忌对旅游团的队员不闻不问，缺乏人文关怀，给导游员个人和组团社的形象均带来负面影响。

7.1.3 住店服务礼仪

在到达旅游目的地后，旅游团成员需要住店时，导游员要与领队协商好相关的以下三方面的礼仪工作。

1. 积极协助办理住店登记

由于旅游团的人员比较多，每一位旅游成员的生活习惯各异，妥善做好其住宿工作既重要又烦琐。首先，在办理住店登记时，导游员应主动、积极地协助该团领队和队员做好填写住宿单和分发房号的工作，对条件差的住所给予相应的解释，使旅游成员团结协作、互帮互助，使其顺利进住。其次，导游员要协助领队控制局面。切忌让旅游团人员蜂拥而上，抢先占领优势住所，扰乱酒店的正常工作秩序，对旅游工作造成严重影响。

2. 妥善安排游客的行李

由于旅游性质的需要，旅游团成员均会带随身所需物品，旅游以备用。旅行团人员的行李虽然不多，但对旅行者来说都非常重要，都是旅行中必不可少的物品。因此导游员应与领队及旅游景地酒店行李员一起，把每一位成员的行李准确送到房间中，并核实无误，以免行李损坏或遗失，给游客造成不便。到旅游地的酒店切忌只顾忙于自己的事务，而忽略了对游客的照顾，使游客发生丢失物品或错放物品等事件，使游客的旅游不愉快而波及旅游公司的整体形象。

3. 导游员还要做好游客入店后工作

在旅游团的每一位游客顺利入店后，为了能及时处理旅游团入店后可能出现的问题，导游员应及时领取旅游客人住房的分配名单，并掌握总台及领队的电话号码，与领队互通房间号码，以便及时联络。切忌不要在发生紧急事件时，才想起联络相关人员，造成延误处理事件的最佳时机，出现不良的后果。

7.1.4 旅游讲解礼仪

全陪导游员在旅行过程中，应全面做好自己的旅途讲解工作，以调动旅游团成员的积极性，制造活跃的旅途气氛，使旅游者身心愉悦。

（1）导游员在讲解时要做到"口到、手到、意到"

"口到"指导游员要熟知旅游景点的各个景观的典型事件或与其来源相关的故事等，并在游客旅程中给予准确清晰的讲解和说明。导游员不仅要解说详细、口齿清晰，还要对游客提出的问题给予适当的解释。

"手到"指在讲解过程中，要运用适当的手势进行指引，使游客了解的信息更加准确。

"意到"指导游员要充分了解游客游览的目的，对其进行用心的服务，帮助游客达到游览的主要意图。例如，有些游客是为了休闲娱乐，联络感情；有些游客是为了了解相关历史，以学习为目的；还有些游客是为了考察旅游工作等。

（2）导游员的讲解工作是细活，要嘴勤，还要有耐心

切不可在旅途中偷懒，少讲内容，得过且过，或置旅游团于不顾，去忙自己的事情，使旅游团成员感到无聊、疲倦，对游览没有兴致。

7.1.5 旅途生活服务礼仪

一次旅游的行程生活，对于旅游团的人员来说，也是他们对旅游生活的一种体验。这就需要导游员应和领队一起照顾好每一位旅游人员的日常生活，安排好他们的衣食住行，为愉快行程打好基础。

① 导游员要随时与游客进行双向沟通。了解游客所需，急游客所急，想游客所想。

② 导游员要对特殊游客进行特殊的服务。特别对于老、弱、病、残、孕、幼等游客应更细心照料，做好与其相关的生活服务，使游客非常放心地进行观光游览，愉快地度过旅途生活。

7.1.6 离站的服务礼仪

1. 导游员要做好离站的相关事宜

在离开某地景点站之前，导游员应做好离站前的一些准备工作。一要清点游客人数并确认人员；二要提醒游客清点好所带的物品；三要通知游客出发的时间、下一个目的地及所乘坐的交通工具；四要及早落实交通票据，及时通知下一站，使其提前做好接待安排工作。

2. 旅游结算时的礼仪

导游员要熟悉结算的相关业务和手续。在做结算工作时，应根据相关规定，办理好各项结算手续。首先，导游员要认真、仔细、准确地填写各种结算的单据和表格。结算单据应随身保管好，以便自己回去交代工作。其次，导游员应及时通知各位游客办理好个人需要开销的费用和相应的结算票据，准备好所带物品，等待出发。

3. 道别当地导游员和司机的礼仪

为了整个旅游过程的顺利进行，处处体现旅游公司导游员的素质修养，导游员对当地导游员和司机都要有礼貌。在离站时不要忘记代表组团方、旅游团和个人向当地导游员和司机表示真挚的感谢，并向他们道别，祝他们工作愉快，并表示下一次的真诚合作意愿。切忌不打招呼便一走了之，过河拆桥，给对方留下极坏的印象。

 **粘贴板**

导游员的分类

导游员由于业务范围、业务内容的不同，服务对象和使用的语言各异，其业务性质和服务方式也不尽相同。下面从不同角度对中国导游员进行分类。

1. 按业务范围划分

导游员分为境外领队、全程陪同导游员、地方陪同导游员和景点景区导游员。境外领队是指经国家旅游行政主管部门批准可以经营出境旅游业务的旅行社的委派，全权代表该旅行社带领旅游团从事旅游活动的工作人员；全程陪同导游员（简称全陪）是指受组团旅行社委派，作为组团社的代表，在领队和地方陪同导游员的配合下实施接待计划，为旅游团（者）提供全程陪同服务的工作人员；地方陪同导游员（简称地陪）是指受接待旅行社委派，代表接待社实施接待计划，为旅游团（者）提供当地旅游活动安排、讲解、翻译等服务的工作人员；景点景区导游人员亦称讲解员，是指在旅游景区景点，如博物馆、自然保护区等为游客进行导游讲解的工作人员。

前两类导游人员的主要业务是进行旅游活动的组织和协调；第三类导游员既有当地旅游活动的组织、协调任务，又有进行导游讲解或翻译的任务。第四类导游员的主要业务是从事所在景区景点的导游讲解。

2. 按职业性质划分

导游员分为专职导游员和兼职导游员。专职导游员是指在一定时期内以导游工作为其主要职业的导游人员。他们是当前我国导游队伍的主体；兼职导游员亦称业余导游员，是指不以导游工作为其主要职业，而利用业余时间从事导游工作的人员。目前这类人员分为两种：一种是通过了国家导游资格统一考试取得导游证而从事兼职导游工作的人员；另一种是具有特定语种语言能力受聘于国际旅行社，领取临时导游证，临时从事导游活动的人员。

3. 按导游使用的语言划分

导游员分为中文导游员和外语导游员。中文导游员是指能够使用普通话、地方话或者少数民族语言，从事导游业务的人员；外语导游员是指能够运用外语从事导游业务的人员。

4. 按技术等级划分

导游人员分为初级导游员、中级导游员、高级导游员和特级导游员。初级导游员是指获导游人员资格证书一年后，就技能、业绩和资历对其进行考核，合格者自动成为初级导游员；中级导游员是指获初级导游人员资格两年以上，业绩明显，考核、考试合格者晋升为中级导游，他们是旅行社的业务骨干；高级导游员是指取得中级导游人员资格四年以上，业绩突出、水平较高，在国内外同行和旅行商中有一定影响，考核、考试合格者晋升为高级导游员；特级导游员是指取得高级导游人员资格五年以上，业绩优异，有突出贡献，有高水平的科研成果，在国内外同行和旅行商中有较大影响，经考核合格者晋升为特级导游员。

5. 按年度量化考试考核的综合分数划分

导游人员分为一级导游员、二级导游员、三级导游员、四级导游员和少数离岗培训的尾数导游员。

资料来源：http://cntopedu.cn/cntopedu_html_certificate/200556130605.asp。

◇ **指导书**

1. 提出项目任务

（1）教师提出项目名称：根据教师提供的案例，制订导游服务接待方案。

（2）学生根据教师提出的项目任务进行讨论，最终确定具体的项目任务。

可以根据具体的课时及教学条件选择适合的项目任务。

2. 明确学习目标

学生根据具体的项目任务，与教师一起讨论本项目的学习目标：

① 能够掌握旅游服务人员在工作岗位上的接待礼仪规范；
② 能够掌握旅游服务人员在工作岗位上帮助游客住店的礼仪规范；
③ 能够掌握旅游服务人员在工作岗位上为游客解说的技巧。

3. 相关知识学习

学生与教师一起讨论要完成项目任务所需的相关知识点。由学生对已学过的知识进行总结回顾，教师对学生尚未掌握的新知识进行讲授或学习方法的指导。

教师在相关知识学习的过程中应该成为学生选择学习内容的导航者。

4. 制订工作计划

建议本项目采用小组工作方式。由学生制订项目工作计划，确定工作步骤和程序，并最终得到教师的认可。

此步操作中，教师要指导学生填写项目计划书（项目计划书样式见书后附录 A）。

5. 实施工作计划

学生确定各自在小组中的分工以及合作的形式，然后按照已确立的工作步骤和程序工作。

在实施工作计划的过程中，教师是学习过程的咨询者和参谋。教师应从讲台上走下来，成为学生的学习伙伴，解除不同特点的学生遇到的困难和疑惑并提出学习建议。

项目实施过程中，教师要指导学生填写小组工作记录（小组工作记录样式见书后附录 B）。

6. 成果检查评估

先由学生对自己的工作结果进行展示，再由教师对工作成果进行检查评分。师生共同对项目工作中出现的问题进行分析，找出解决问题的办法，为今后的项目学习打好基础。

◇ 评价表

1. 评价标准

旅游服务人员礼仪规范评价标准表

评价项目	评价要求	评价标准
旅游服务人员服务规范	接团礼仪	（1）掌握接待计划 （2）及时联络接待方 （3）做好出发接团前的准备 （4）核实到旅游团的人数与健康问题
	住店礼仪服务	（1）协助办理住店登记 （2）安排游客的行李 （3）做好游客入店后工作

续表

评价项目	评价要求	评价标准
旅游服务人员服务规范	解说服务	(1) 准确清晰 (2) 给予适当的解释 (3) 制造活跃的旅途气氛
	旅途生活	(1) 了解游客所需 (2) 对特殊游客进行特殊的服务
	离站服务	(1) 做好离站的相关事宜 (2) 旅游结算合理 (3) 感谢与道别到位

2. 评价表

旅游服务人员礼仪规范评价表

考核项目	考核要求	是否做到	改进措施
接团礼仪	接待计划	□是 □否	
	及时联络接待方	□是 □否	
	做好出发接团前的准备	□是 □否	
	核实旅游团的人数与健康问题	□是 □否	
住店礼仪服务	协助办理住店登记	□是 □否	
	安排游客的行李	□是 □否	
	做好游客入店后工作	□是 □否	
解说服务	准确清晰	□是 □否	
	给予适当的解释	□是 □否	
	制造活跃的旅途气氛	□是 □否	
旅途生活	了解游客所需	□是 □否	
	对特殊游客进行特殊的服务	□是 □否	
离站服务	做好离站的相关事宜	□是 □否	
	旅游结算合理	□是 □否	
	感谢与道别到位	□是 □否	

子项目 7.2　康乐休闲服务礼仪

◇ **新任务**　制作康乐服务教学课件。

1. 收集准备制作课件素材；

2. 设计制作康乐休闲服务人员在工作岗位上的服务规范课件；
3. 进行课件展示。

◇ **知识点**

7.2.1 酒吧服务礼仪

众所周知，酒吧不是大摆宴席的场所，而是通常只供应酒水、饮料和平常糕点等以辅助娱乐的场所。酒吧的服务人员为使客人娱乐休闲尽兴，主要应做好以下几方面的具体礼仪工作。

1. 服务人员要接受客人点酒的礼仪

当有客人点酒时，首先，服务人员要上前向客人亲切问候并及时呈递酒单，将酒单放在客人右侧。其次，应注意单页酒单要打开后递上，多页酒单应合拢递上。再次，在客人点酒时，服务人员要略躬身站在客人右边倾听记录，切忌趴在客台上书写，记录完毕要面对客人复述一遍以确认，并征询上酒时间事宜。

2. 服务人员要遵守开瓶服务礼仪

客人点酒后，服务人员根据酒单将客人的酒用托盘端来，为客人将酒开瓶。开瓶时应注意以下礼节规范。第一，讲究站立位置与体态的礼仪。开瓶时服务人员要站在男主人的右侧，身体稍侧，向客人显示商标后开启。第二，开瓶服务要快捷。服务人员的开瓶技术要娴熟利落，对不同的酒瓶盖要按其相应的开瓶方式，开瓶时瓶口不要对着客人，以免酒水喷洒在客人身上。

3. 服务人员斟酒的礼仪

1）斟酒前的礼仪

服务人员在斟酒前要做到"一擦、二闻、三满意"的服务规范。"一擦"指将瓶身、瓶口在斟酒前要拭净。"二闻"指要提前闻一下酒瓶塞处的味道，如有异味应及时调换酒水。"三满意"指送酒时要用托盘盛放已开瓶的酒水，注意要将较高的瓶放在内侧靠胸口前，较低的放在外侧，斟酒前先倒几滴酒在客人的杯中，客人同意用这种酒后方可斟酒。

2）斟酒时的礼仪

（1）首先要注意斟酒的位置

服务人员的斟酒位置要正确。斟酒时服务人员要站在客人右侧身后，与客人保持适当的距离，左手托盘，侧身用右手斟酒，速度要适中。斟酒时瓶身商标对外，手不要触及酒杯杯口。

（2）拿酒杯的礼仪

服务人员在拿酒杯时要注意方式，切忌用手直接接触杯口，甚至手指伸入杯中。在拿大玻璃杯时要轻拿靠近杯底部分，不要留下手纹；拿高脚杯要倒过来拿，操作要轻，不要出现碰撞声。

(3) 斟酒讲究技艺

在酒吧里,斟酒要讲究技艺。一般地,斟啤酒或其他发泡酒时要放慢速度,将杯子倾斜,让酒沿杯壁流下以减少泡沫;斟香槟时要分两次斟,第一次先斟1/4杯,待泡沫平息后再斟至2/3或3/4杯即可;斟烈性酒时,要在杯中先倒上冰水,在夏季要放上适量的小冰块。斟白酒时不要超过酒杯的2/3,红酒不要超过1/2,啤酒以盛3/4杯为宜。当然,斟酒时不要忘记随时征询客人的意见。

(4) 服务人员斟酒的姿势要高雅

斟酒时,用右手握住瓶身下方,标签冲外,服务人员要注意瓶口不要接触酒杯,应略高于杯口1~2厘米,斟完后将瓶口提高3厘米,旋转瓶身45度后抽走,以确保最后一滴酒均匀地沾于瓶口,不要滴在桌上或客人的身上。斟酒完毕后要利用干净的酒布擦拭瓶口。

(5) 斟酒要遵循位次礼仪

斟酒应从主宾开始,即要斟酒给坐在主人右边的一位客人,即主宾,再按顺时针方向绕桌一一斟酒,最后斟酒给主人。如有携带夫人的外宾参加,要先给夫人斟酒。若两个异性朋友在场,要先给女士斟酒。

4. 酒吧待客的礼仪

(1) 当客人打翻酒杯时

在客人饮酒过程中,若客人不小心把酒杯打翻,服务人员应立即用毛巾将酒吸干,并在打翻处垫一块干净的餐巾,并将杯子重新斟满,不可埋怨客人。如酒溅到客人身上,要递上餐巾及时帮助客人擦干;如果是女客人,服务人员不要动手帮助擦拭,只需递上餐巾即可。

(2) 当客人醉酒时

在酒吧里,服务人员要关心来临的客人,关注客人的一些行为,准确判断客人是否醉酒,如发现客人已醉酒,应主动劝说客人饮用一些不含酒精的饮料,如可以说:"先生,请您饮用一杯咖啡好吗?"如客人不听劝阻,并且火气很大,耍酒疯等,服务人员此时应告诉酒吧主管,由主管负责解决;切忌上前强行劝阻,与客人发生争执,甚至殴打客人,出现极不礼貌的行为。

(3) 面对低俗的客人,要沉着应对

酒吧的客人,形形色色,有高雅的、素质较高的客人,也有素质低下的低俗客人。当酒吧的女服务人员遇到举止低俗的客人纠缠时,或要求陪同饮酒时,服务人员一定要保持镇静,可礼貌地对客人说:"先生,您看这么多客人需要我的服务,实在对不起。"或者说:"先生,实在抱歉,我还有工作要做。"反之,酒吧服务人员也要注意服务人员形象,不要太随便,不要在工作时喝酒或喝饮料,给客人留下极坏的印象。

(4) 礼貌应对消费低、消费时间长的客人

由于酒吧的座位有限,所以对于消费低、用餐时间长的客人,服务人员可以采用多询问几次客人还需要什么帮助的方式,让对方自觉感到是离开的时候了。例如,说:"先生,您

还需加点什么吗?"总之,服务人员对待这类客人同样要热情周到,切忌由于客人消费低或时间较长而面露不快,甚至催撵客人。另外,当客人站起欲离开时,服务人员应主动、热情、自然地为其结账,并欢迎其下次光临。

5. 酒水类服务礼仪

(1) 开香槟酒的服务礼仪

开香槟酒要注意方式与技巧,否则会将酒喷出,甚至造成不良后果。第一步,在开香槟酒时要用左手斜拿瓶颈,与地面约成45度。第二步,左手大拇指压紧塞顶,用右手转动瓶颈上的金属环,使之断裂,将金属丝和箔拔去,再用左手捏紧瓶塞上部,用右手转动酒瓶,让瓶内压力轻轻将塞子顶出,发出清脆的响声。第三步,瓶塞拔出后要让瓶身保持45度倾斜几秒钟,以防酒从瓶中溢出。

(2) 葡萄酒的服务礼仪

在夏天,客人要饮用葡萄酒时,服务人员应首先将冰桶放在客人的右后方,用装满1/3桶的冰,将葡萄酒放入桶中冷却15分钟,待酒温达到6℃~13℃为宜。其次,服务人员在倒冰镇过的葡萄酒时要用餐巾包住酒瓶,防止析出的水滴滴在桌上或客人身上,而且服务人员单纯用手握酒瓶倒酒也不安全。

(3) 啤酒的服务礼仪

服务人员首先应注意啤酒的生产日期,为客人提供新鲜的啤酒。其次,服务人员在为客人倒啤酒时,服务人员应将啤酒瓶口紧贴在杯口边缘,使啤酒沿杯壁缓慢流下,防止因泡沫太多使啤酒外溢。当杯内泡沫太多,应稍停片刻,待泡沫消退再倒酒。不要一味地急于倒酒,使啤酒及其泡沫溢得到处都是,在桌布上横流。

(4) 瓶装矿泉水的服务礼仪

在夏季,瓶装矿泉水饮用前要冰镇到4℃左右才可方便客人饮用。在进行服务时也要注意礼仪要求,其一,服务人员应当在客人的面前将瓶盖打开,客人准允再倒入客人杯中。其二,如果客人没有提出要求,不要在杯中加冰块或柠檬片等。其三,服务人员在倒矿泉水时,速度要适中,应注意不要将水溅到客人衣服上或台布上,应小心从事,礼貌待客。

(5) 咖啡的服务礼仪

酒吧的服务人员在准备咖啡时,不要煮得太久,最佳的冲饮温度是96℃。首先,咖啡要在咖啡壶中煮好后再倒入杯中;其次,将杯子把手向右置于底碟上,咖啡勺应放在碟子位于咖啡杯右侧的位置,从客人右侧送上;再次,牛奶和方糖或咖啡伴侣要在上咖啡前准备好,置于桌上,客人可以根据个人的口味进行自调。

7.2.2 美容美发店的服务礼仪

1. 美容美发服务人员的礼仪

随着人们消费水平的不断提高,美容美发已经成为人们比较关注的服务领域,美容美发服务人员质量的好与坏会直接影响到美容美发店的整体形象,甚至决定客人量,直接决定着美容美发店的经济效益。

(1) 美容美发服务人员要注意个人的仪表礼仪

在迎接客人来临时,要仪容规范,着装规范,符合行业员工规范的标准。很难想像,一位客人遇到一位比较邋遢的服务人员时是怎样的心情,他是否还会在此消费。

(2) 要热情、细心周到地服务

首先当客人进入美容美发店后,服务人员应将客人的衣服用衣架挂在衣柜中。其次,引领客人至美容、美发师处,帮助客人穿上理发衣或围上布罩,为客人轻轻地清洗头发或洁肤。再次,若客人较多,需客人等待时,对等待的客人可递上杂志和奉上饮料,请客人稍候。若美容美发过程中,客人有其他要求,服务人员应主动为其服务,使顾客感到满意。

2. 美容、美发师的礼仪

美容、美发师的操作礼仪是重中之重。在操作过程中,美容、美发师应做好如下相关工作。

(1) 美容、美发师应专心细致地为顾客服务

不要与他人闲谈,充分发挥美容、美发的技术,为客人提供满意的服务。

(2) 美容、美发师可以与客人适当交流

与客人交谈时应注意言语要亲切、声音要轻、表达要文明,可以交谈与美容、美发有关的话题,也可以进行轻松愉快的话题,但不可以涉及客人的个人隐私问题。

(3) 美容、理发完毕后要征求客人意见

可以用镜子照给客人看,直到客人满意为止。若顾客表示有所不满,应立刻为其弥补,并表示歉意,使客人感到满意。

7.2.3 桑拿浴服务礼仪

1. 服务人员要品行端正,诚信服务

桑拿浴中心的工作种类较多,有些会涉及客人的衣物保管、金钱以及企业的经营秘密,如果服务人员没有良好的修养,品行不端,就会使其利用职责之便,为个人牟取私利,损害客人的利益和企业的利益。桑拿浴的服务人员应该真诚地随时通过自己的细心观察,以自己的不懈努力,做到"眼里有活,手勤干活",为客人提供优质服务,在第一线岗位上为客人排忧解难。

2. 服务人员要主动迎客

(1) 注重仪表,礼待客人

上岗前做自我检查,做到仪容仪表端庄、整洁,符合要求。当客人来到桑拿浴室时,服务人员要主动迎接,热情问候,并引领客人进入浴室。

(2) 室温准备适宜

服务人员要将桑拿浴室温度调至客人要求的温度,一般在68℃～90℃为宜。

(3) 用心介绍服务

对于初次到来的客人,服务人员要为其介绍桑拿浴的方法及注意事项,以免客人操作不当,影响洗浴的质量。

3. 服务人员要坚守岗位,防止意外

由于浴室的温度较高,为防止出现意外情况,桑拿浴服务人员在工作过程中,应时时刻刻坚守岗位,不可粗心大意。每隔几分钟就要从浴室门的玻璃窗口向内巡视,密切注意客人的洗浴状况,以防发生意外,如发现问题要及时向领班报告,及时处理客人发生的突然事件,如跌倒或晕倒等,使客人的人身安全得到保障,赢得客人的好评,使本店获得良好的信誉。

4. 规范按摩服务

按摩是通过手法作用于人体的肌表,以调整人体的生理、病理状态,从而达到治病和保健的作用。人体接受按摩以后,能使大小循环系统畅通,血流丰富,改善血液循环,加速人体各器官组织的新陈代谢,消除疲劳,解除病痛,具有延年益寿的功效。

客人浴后如需要按摩服务,则可由服务人员将客人带入按摩室,由专业的按摩师为客人按摩。按摩师必须是经过专业培训,具有专业按摩技能的人员,而且应严格按照规范进行按摩,切忌聘用一些没有经过培训的按摩人员;否则,不但客人的身体会受到伤害,而且还会使形象受损,经营走向失败。

① 在操作前,按摩师应先主动征询客人意见及须用何种手法等,如客人无任何要求,按摩师则按照操作程序开始工作,按摩时根据客人不同的体位采用不同的手法。

② 按摩过程中,按摩师在按摩过程中应勤征客人意见,了解客人感受,使用力度要适合,压力要均匀,姿势要正确,力求使客人满意。但遇客人无理非分的或不合理要求,按摩师可以委婉地拒绝客人。

③ 当客人离别时,要主动提醒客人不要忘记随身物品,并帮助客人穿戴好衣帽。

④ 送别客人,服务人员将客人送至门口,向客人礼貌道别,客人走后,应及时冲刷和消毒按摩室,更换使用过的布件,准备迎接下一批客人的到来。

5. 清洁卫生,放心桑拿

为使客人享受到放心、高质量的桑拿服务,浴室的服务人员首先要在下班前对浴室进行一次彻底的清扫,喷洒香水,保持浴室清洁卫生,空气清新。其次,桑拿浴室和按摩室的用具,如毛巾、坐凳等及时清洗、消毒,防止细菌滋生。切忌工作不认真,投机取巧,使浴室的卫生工作不彻底,传染疾病,危害客人身体健康,造成不良的后果。

7.2.4 游泳池服务礼仪

1. 前台服务礼仪

游泳池门口要设服务台,要遵循服务礼仪规范的"接待三声"。能区别不同的接待对象,准确运用迎接、问候、告别的礼貌语言。对常客和回头客能使用冠以姓氏或职衔的尊称,服务态度主动热情。

① 客人到来时,前台服务人员要热情迎客,主动问候,并递上更衣柜的钥匙和毛巾。

② 客人咨询时,要耐心回答,满足客人要求。

③ 客人离去时,要主动收回更衣柜钥匙,并提醒客人不要遗忘物品,并欢迎客人下次光临。切忌对客人不理不睬,在一边打电话,或忙着其他私人事情,引起客人不满。

此外,在接待顾客预订时也要主动热情、用语规范,对于客人姓名、手牌号、使用时间记录准确、复述清楚,并取得顾客确认。

2. 提供全方位服务的礼仪

1) 游泳池的巡视员的礼仪

当客人下游泳池时,要主动协助其安全下池,小心滑倒或跌伤,并提醒客人注意游泳安全;在服务过程中,如果观察到有饮酒过量者或身体不适者,应主动劝其离开游泳池;当有客人需要上来时,也要帮助客人安全出池,并引领客人去休息的场所。

2) 专职教练的礼仪

游泳池内均要聘请经验丰富的专业教练进行现场教学,并免费为游泳爱好者进行现场游泳咨询、指导,既是对客人的负责又是对客人的尊重。

① 教练要有良好的职业礼仪修养,为人师表。不要出言不逊,贬低初学游泳的客人或游泳不熟练的客人,更不可殴打学员。

② 悉心教授,善于沟通。教学过程要规范、严谨,与学员勤沟通,态度友善,使客人的游泳技能真正得到提高。

3) 救生员礼仪

在客人进入游泳池时,专职救生员应认真坚守岗位,随时注意水中客人的情况,发现异常情况时,应及时采取有效措施,必要时救生员必须跃入水中紧急救护,在服务过程中,更不允许发生溺亡事故。

游泳池内的救生员也要时时刻刻监视游泳者的情况,特别要注意老人、小孩和酒后的客人。做到人不离池,思想集中,发现险情及时抢救。切忌在一边无所事事,谈笑聊天,或看报纸、看书,完全忘记了自己的工作职责。

 粘贴板

拓东游泳馆的道歉

2001年12月06日《云南日报》报道一群孩子游完泳后,在更衣室嬉闹。突然,更衣室的灯灭了,屋里一片漆黑。孩子们你推我搡,惊声尖叫,"哪个顽皮的同伴又把灯关了"？更衣室服务人员摸索着开了灯，在询问没有得到回答之后，服务人员认为是刚好站在开关底下的宇宇（化名）捣的鬼，于是一巴掌打在宇宇脸上。就是这一下，引来孩子家长的不满，最后该游泳馆馆长亲自道歉。

据宇宇外公介绍，12月4日晚上6时，他在拓东游泳馆门口等待参加游泳冬训的宇宇。这时，宇宇的一个同伴跑出来告诉他："宇宇被莫名其妙地打了一嘴巴。"外公后来得知，游完泳更衣时，不知是哪个孩子太顽皮将灯关了，工作人员误以为是宇宇关的，就打了他一下。工作人员说，因为担心孩子们在关掉灯的更衣室里会有危险，他很着急，一气之下打了宇宇，其实只想吓唬他们一下。但宇宇的外公及几位家长认为，工作人员不应该在未弄清情况之前打人，何况宇宇只是10岁的孩子，就算他犯了错误也只能教育。

昨日下午，拓东游泳馆的马馆长代表工作人员向宇宇家属作了道歉。他表示，得知事情发生后，游泳馆迅速召集所有服务人员，对他们进行了批评教育，坚决杜绝类似事件再次发生。宇宇外公认为，之所以想得到一个圆满的答复，是因为这种大人打孩子的事不应该出现在公共场所，也希望游泳馆今后能加强管理，让消费者能真正放心地游泳。最后，因担心孩子的心理会因此事而受到影响，宇宇母亲要求工作人员当着该游泳训练班所有孩子的面，向宇宇道歉。马馆长表示同意，事情得到了解决。

7.2.5 保龄球馆服务礼仪

1. 接待服务的礼仪

服务人员上岗前做自我检查，做到仪容仪表端庄、整洁，符合要求，面带微笑，等候客人。客人到达保龄球馆时，服务人员要热情地表示欢迎，如客人需要脱衣摘帽，服务人员要主动为客人服务，并将衣帽挂在衣架上，并询问客人的鞋码，将合适的保龄球鞋交给客人，使客人高高兴兴地投入到保龄球运动中去。切忌客人到达时，态度冷漠，不情愿地为客人服务，使客人感到受冷落。

2. 选择保龄球

客人换好鞋后，服务人员应引领客人到选定球道，打开计算机显示器，礼貌地向客人介绍活动规则和活动须知。在球道服务的人员要协助客人选择轻重适宜的保龄球，在球架上放好，服务人员在为客人选球时，千万不要随意选择，丢给客人后不闻不问，使客人陷入难堪的境地，使客人感到不快。

3. 服务人员要主动帮助初学者

如果客人初次打保龄球，服务人员要根据客人的性别、年龄、体重等帮助客人选择重量适当的球，并介绍打球的步骤与方法，对于容易发生危险的情况，要提醒客人注意。如客人要求陪打时，服务人员应礼让在先，对客人击出的好球要鼓掌示意；客人打得不熟练时，不要冷嘲热讽,应给予帮助。总之,不可站在一边看热闹,讥笑、嘲讽客人,使客人感到难堪,甚至发怒。

4. 为客人喝彩的礼仪服务

球道的服务人员应有一种用心服务的意识,尽量满足客人的休闲娱乐。在客人打球的过程中,服务人员要毕恭毕敬地站在球道的后端随时听候客人的吩咐。当客人打出好成绩时,服务人员要鼓掌祝贺;客人没打好时,要装作没看见或注意他处或给予恰当的鼓励,切忌在一旁喝倒彩,影响客人心情。

5. 为客人休息的服务

服务人员应主动为客人在休息场所准备好饮料,祝客人玩得愉快。当客人娱乐休息时,服务人员要主动上前征询客人意见,根据客人需要及时提供所需的饮料、面巾等服务。切忌服务人员在一旁不管不问,等候客人招呼为其服务。

6. 结账的服务规范

当客人需要结账时,服务人员应及时为其提供办理结账的手续服务。不论客人娱乐了多长时间,花费了多少钱,服务人员均应一视同仁;不要因客人消费的时间短或消费低而对客人不礼貌,甚至看不起客人。

7. 送别客人的礼仪

当客人告别时,服务人员要站在门口,鞠躬向客人道别:"欢迎您下次光临。"并提醒客人是否将个人物品携带好。

7.2.6 高尔夫球服务礼仪

起源于苏格兰的高尔夫运动经过500多年的发展,形成了"自律、自尊、礼让、宽容"的绅士文化。高尔夫意味着绿色、阳光、氧气和友谊,是会友、交流、休闲、陶冶情操、充满绅士气息的时尚运动。现代商界人士,由于商业活动紧张,没有过多时间研究高深的管理知识,却希望在最短的时间里能够补充或思考,体会一些全新的管理理念。为使商界的精英们走进高尔夫,使其充分体验高尔夫与事业、生活的哲理,高尔夫球场的服务人员必须优质服务,贴心服务。

1. 迎宾员的礼仪

① 上岗前做自我检查,做到仪容仪表端庄、整洁,符合要求。

② 检查用品,发现破损及时更新并补齐各类营业用品和服务用品,整理好客人所需的桌椅。

③ 了解宾客预订情况和其他需要继续完成的工作。

④ 检查服务工作准备情况,处于规定工作位置,做好迎客准备。

⑤ 服务人员面带微笑,主动问候客人,并请客人在场地使用登记表上签字。

2. 球童的礼仪

球童是指在打球时为球员携带和管理球杆，并按照规则帮助球员打球的人。在高尔夫球场中，球童的态度常常能够影响到客人对该俱乐部的评价，这是因为在整个球场中，只有球童和客人相处的时间最长，他们的说话笑颜、正确的说话用语都会直接影响着客人打球的好坏。因此，球童不仅是整个俱乐部的运送人员，还是球场的颜面，是每一位客人的最佳咨询者，负有促使击球过程顺畅的功能。

（1）球童要笑颜迎客

球童的表情可以左右顾客，有着不和气和唐突球童的俱乐部是不会有客人愿意光临的；相反，若球童总是能够笑颜迎人，则客人下次一定还想再来，以笑颜迎客人令客人尽心，是不需要花钱而最具效果的服务。

（2）球童的服务要始终如一

由于客人大部分一个月仅到球场一两次，因此总希望在球场上能以最轻松愉快的心情面对球童，作为一名好的球童虽说每日在球场上，但也应该令客人感受到如同前次一般的服务，所以球童每天都应保持着相同的态度服务每一位来场的客人。

（3）球童要做客人的好帮手

在正规的比赛中，有关击球事项，选手是仅能和自己的球童商量，因此，对打球者而言，球童就是唯一的战友，所以球童必须熟知球场，从球场的设计布局、距离、规则及打球礼仪等广泛知识皆须具备。因此，球童要尊重客人的需求，文明周到地服务，做一名令客人期待、信赖的球童。

3. 室内服务人员的礼仪

① 当为客人办好活动手续后，要关照客人换好专用球鞋；

② 客人换好球鞋后，引领客人到指定的球场；

③ 客人休息时，服务人员要根据客人需要及时提供饮料、面巾等服务；

④ 客人打球结束，服务人员主动征询客人意见，如客人需要淋浴，则将客人引领到淋浴室并为客人准备好毛巾和拖鞋。

⑤ 当客人示意结账时，服务人员要主动上前将账单递送给客人。如客人要求挂账，服务人员要请客人出示房卡并与前台收银处联系，待确认后要请客人签字并认真核对客人笔迹，如未获前台收银处同意或认定笔迹不一致，则请客人以现金结付。

4. 服务人员送别客人的礼仪

客人离别时要主动提醒客人不要忘记随身物品，并帮助客人穿戴好衣帽；需要预订的客人要及时安排好手续；服务人员将客人送至门口，向客人礼貌道别，客人走后，应迅速整理好场地，准备迎接下一批客人的到来。

总之，高尔夫球服务人员须参加过专业训练，有熟练的打球技术，并能解答客人提出的各种专业问题，指导客人打球；服务人员要注意观察客人情况，确保安全，劝阻无关人员进入球场，注意保持场地清洁；不要对客人置之不理，自己到一旁休息或观赏风景，使客人感到不满意，影响球场的形象。

7.2.7 健身房服务礼仪

1. 服务人员要仪容整洁

健身房服务人员要求仪容整洁、身体健康、精神饱满、待客热情有礼，要具有较好的专业外语对话能力，以便在接待外国客人时能进行交流与沟通。健身房中需要热情、开朗、健康的服务人员，而不是弱不禁风、仪表打扮怪异的一族。

2. 服务人员要有专业技能

健身房服务人员能够熟练地讲解和操作健身器材，并根据客人的具体情况帮助客人拟订健身计划，引导客人参加健身运动，并能为客人提供技能规范。带客人做健身操时要做到口令清楚，动作到位，如客人误场，可为其提供健身操录像带以供使用。

3. 服务人员要安全服务

健身房服务人员要坚守岗位，严格执行健身房规定，注意客人的健康情况，随时给予指导。当客人发生违规操作时，服务人员应有礼貌地劝阻客人停止违规操作行为，确保客人正确运动，以防发生危险，危害身体健康。

4. 服务人员要注意保养器材

每天营业结束后，服务人员要认真检查器械是否正常，如发现有不正常情况要立即维护。每天用干布将器械擦拭一次；每周用去污剂清洁一次并打蜡；每两周给机器加一次油；每半年将机器大修一次。切忌置之不理，使机器受到严重磨损，甚至失去健身的功能。

 粘贴板

对冬泳运动的五个误解

误解之一：冬泳不冷

常有人问冬泳者——"冷不冷？"年少气盛者一仰脖子回答："不冷！"其实这纯属吹牛。你一个恒温36度的血肉之躯，没有海豹鲸鱼那般的皮下脂肪，在冷水中会不冷？真要感觉不到冷的话问题就严重了，肯定得去看医生了。由于一些泳友的豪言壮语，许多人便认为冬泳者火气旺不怕冷，这完全是一种误解。冬泳是非常冷的，至于冷到什么程度，不亲身体验一下是很难描述的。如果你在冬天用冷水洗过衣服，就可以有一个大概的估计：双手浸入水中的皮肤面积，大约只占全身皮肤面积的1/20。所以冬泳算得上人在日常生活中所能遇到的寒冷之最。

误解之二：冬泳与洗冷水浴差不多

不少人有冬天洗冷水浴的经历，便认为冬泳的滋味大概也差不多，这也是对冬泳的一个误解。冷水浴与冬泳是完全不同的两码事，洗冷水浴时，皮肤表面只有局部区域有薄薄一层冷水流过，人的体温很容易将其加温，所以往往洗得全身上下热气腾腾，而冬泳时人全身浸入水中，身体根本不可能使周围的水升温，只能全力维持自己的体温不降低。所以洗冷水浴与冬泳相比可谓小菜一碟。这样说可能会开罪洗冷水澡的朋友们，但却是真话，不信你可以去试一试。不少冬泳的人以前是洗冷水浴的，对此都深有体会。

误解之三：岸上冷，水里不冷

有一些人以为，冬泳者脱了衣服光膀子暴露在空气中会很冷，下到水里就好了。这是极端错误的。由于水的密度远大于空气，人在水中的散热速度要比在空气中快许多倍，所以冬泳之冷冷在水中而不是岸上。在水中的冬泳者，不但要为自己的肌肉运动供应能量，而且要通过血液循环向体表快速供热以保持体温，冬泳的热耗极大的原因即在于此，初试者几乎个个会胃口大开。

误解之四：南方的冬泳比较容易

人们常在电视上看见俄罗斯人、哈尔滨人在冰天雪地里冬泳，认为这才真正了不起，其实又是一种误解。笔者就亲身在俄罗斯、哈尔滨尝试过，北方的冬泳并不比南方的冬泳艰难多少。原因十分简单：冬泳之冷冷在水中，水温是冬泳难度的关键指标，而水有一大特点，即到了零度就要冰冻，因此全世界所有的冬泳者都是在冰点之上的水中游泳的。在隆冬季节，南方的水温也会接近冰点，与北方冰层下面的水温相差无几。

误解之五：普通人不适合冬泳

常人对冬泳运动的最大误解，莫过于认为该项运动需要特别强壮的体魄而不适于普通人。出乎他们的想像，人在冬泳中遇到的主要障碍是心理上的，而不是生理上的。人类至少已有几百万年的历史了，绝大部分时间处于原始状态，当时的人冬季赤裸着身体四处活动，难免过河甚至下水渔猎。而人穿衣御寒并借助桥梁舟楫之利的历史，至多也只有万把年。无数代老祖宗储存在我们的体内的能力还远未真正退化，只不过潜藏起来罢了，所以健康的普通人的身体完全适宜冬泳。但为什么敢冬泳的人不多，能坚持到底的就更少了？说到底还是人的意志问题，冬泳被誉为"天下第一锻炼"，又被称为"勇敢者的游戏"，原因亦在于此。这个"天下第一"的"勇敢者"确实不好当，即使有多年冬泳锻炼经历的人，每逢三九天还是要发愁，下水时也是需要鼓起勇气的。

资料来源：http：//www.hoteljob.cn/news/loadNews.asp?news_id=6646&category_paterid=46.

◇ **指导书**

1. 提出项目任务

（1）教师提出项目名称：制作康乐服务教学课件。

（2）学生根据教师提出的项目任务进行讨论，最终确定具体的项目任务。

可以根据具体的课时及教学条件选择适合的项目任务。

2. 明确学习目标

学生根据具体的项目任务，与教师一起讨论本项目的学习目标：

① 能够掌握服务人员在酒吧服务工作岗位上的礼仪规范；

② 能够掌握服务人员在美容、美发店服务工作岗位上的礼仪规范；

③ 能够掌握服务人员在桑拿浴服务工作岗位上的礼仪规范；

④ 能够掌握服务人员在游泳馆服务工作岗位上的礼仪规范；

⑤ 能够掌握服务人员在保龄球服务工作岗位上的礼仪规范；

⑥ 能够掌握服务人员在高尔夫服务工作岗位上的礼仪规范；

⑦ 能够掌握服务人员在健身房服务工作岗位上的礼仪规范。

3. 相关知识学习

学生与教师一起讨论要完成项目任务所需的相关知识点。由学生对已学过的旧知识进行总结回顾，教师对学生尚未掌握的新知识进行讲授或学习方法的指导。

教师在相关知识学习的过程中应该成为学生选择学习内容的导航者。

4. 制订工作计划

建议本项目采用小组工作方式。由学生制订项目工作计划，确定工作步骤和程序，并最终得到教师的认可。

此步操作中，教师要指导学生填写项目计划书（项目计划书样式见书后附录A）。

5. 实施工作计划

学生确定各自在小组中的分工以及合作的形式，然后按照已确立的工作步骤和程序工作。

在实施工作计划的过程中，教师是学习过程的咨询者和参谋。教师应从讲台上走下来，成为学生的学习伙伴，解除不同特点的学生遇到的困难和疑惑并提出学习建议。

项目实施过程中，教师要指导学生填写小组工作记录（小组工作记录样式见书后附录B）。

6. 成果检查评估

先由学生对自己的工作结果进行展示，再由教师对工作成果进行检查评分。师生共同对项目工作中出现的问题进行分析，找出解决问题的办法，为今后的项目学习打好基础。

◇ 评价表

1. 评价标准

康乐服务行业人员礼仪规范评价标准

评价项目	评价要求	评价标准
酒吧服务礼仪规范	点酒的礼仪	1. 向客人亲切问候并及时呈递酒单，将酒单放在客人右侧
		2. 单页酒单要打开后递上，多页酒单应合拢递上
		3. 略躬身站在客人右边倾听记录并确认，征询上酒时间事宜
	斟酒的礼仪	1. 在斟酒前要做到"一擦、二闻、三满意"的服务规范
		2. 斟啤酒或其他发泡酒时要放慢速度，将杯子倾斜，让酒沿杯壁流下以减少泡沫
		3. 斟香槟时要分两次斟，第一次先斟1/4杯，待泡沫平息后再斟至2/3或3/4杯即可
		4. 斟烈性酒时，要在杯中先倒上冰水，在夏季要放上适量的小冰块
		5. 斟白酒时不要超过酒杯的2/3，红酒不要超过1/2，啤酒以盛3/4杯为宜
		6. 斟酒要遵循位次礼仪
美容、美发店服务礼仪	仪表符合岗位需要，服务周到	1. 要仪容规范，着装规范，符合行业员工规范的标准
		2. 美容、美发师应专心细致地为顾客服务
		3. 美容、美发师可以与客人适当交流
		4. 美容或理发完毕后要征求客人意见
桑拿浴服务礼仪	服务人员要主动迎客，用心服务	1. 服务人员要品行端正，诚信服务
		2. 注重仪表，礼待客人
		3. 室温准备适宜
		4. 用心介绍服务
		5. 坚守岗位，防止意外
		6. 规范按摩服务
		7. 清洁卫生，放心桑拿
游泳馆服务礼仪	遵循服务礼仪规范的"接待三声"	1. 服务台的服务人员要遵循服务礼仪规范的"接待三声"
		2. 游泳池巡视员的礼仪到位
		3. 专职教练悉心教授，善于沟通
		4. 专职救生员应认真坚守岗位，随时注意水中客人的情况
保龄球馆服务礼仪	热情接待，娱乐服务	1. 服务人员上岗前做自我检查，做到仪容仪表端庄、整洁，符合要求，面带微笑，等候客人
		2. 协助客人选择轻重适宜的保龄球
		3. 主动帮助初学者
		4. 为客人在休息场所准备好饮料，祝客人玩得愉快
		5. 结账的服务规范

续表

评价项目	评价要求	评价标准
高尔夫球服务礼仪	优质服务，贴心服务	1. 迎宾员的礼仪规范
		2. 球童要笑颜迎客
		3. 球童的服务要始终如一
		4. 球童要做客人的好帮手
		5. 室内服务人员的礼仪到位
健身房服务礼仪	服务专业，细心呵护	1. 服务人员要仪容整洁
		2. 服务人员要有专业技能
		3. 服务人员要安全服务
		4. 服务人员要注意检查保养器材

2. 评价表

康乐服务行业人员礼仪规范评价表

考核项目	考 核 要 求	是否做到	改进措施
酒吧服务礼仪规范	1. 点酒的礼仪	□是　□否	
	2. 斟酒的礼仪	□是　□否	
	3. 文明着装	□是　□否	
	4. 穿着得当	□是　□否	
美容、美发店服务礼仪	1. 要仪容规范，着装规范，符合行业员工规范的标准	□是　□否	
	2. 美容、美发师应专心细致地为顾客服务	□是　□否	
	3. 美容、美发师可以与客人适当交流	□是　□否	
	4. 美容或理发完毕后要征求客人意见	□是　□否	
桑拿浴服务礼仪	1. 服务人员要品行端正，诚信服务	□是　□否	
	2. 注重仪表，礼待客人	□是　□否	
	3. 室温准备适宜	□是　□否	
	4. 用心介绍服务	□是　□否	
	5. 坚守岗位，防止意外	□是　□否	
	6. 规范按摩服务	□是　□否	
游泳馆服务礼仪	1. 服务台的服务人员，要遵循服务礼仪规范的"接待三声"	□是　□否	
	2. 游泳池巡视员的礼仪到位	□是　□否	
	3. 专职教练悉心教授，善于沟通	□是　□否	
	4. 专职救生员坚守岗位，随时注意水中客人的情况	□是　□否	

续表

考核项目	考 核 要 求	是否做到	改进措施
保龄球馆服务礼仪	1. 仪容仪表端庄,面带微笑,等候客人	□是 □否	
	2. 协助客人选择适宜的保龄球	□是 □否	
	3. 主动帮助初学者	□是 □否	
	4. 为客人准备好休息场所	□是 □否	
高尔夫球服务礼仪	1. 迎宾员的礼仪规范	□是 □否	
	2. 球童要笑颜迎客	□是 □否	
	3. 球童的服务要始终如一	□是 □否	
	4. 球童要做客人好帮手	□是 □否	
	5. 室内服务人员的礼仪到位	□是 □否	
健身房服务礼仪	1. 服务人员要仪容整洁	□是 □否	
	2. 服务人员要有专业技能	□是 □否	
	3. 服务人员要安全服务	□是 □否	
	4. 要注意检查保养器材	□是 □否	

【项目总结】

本项目的主要内容如下。

（1）导游员服务礼仪：接待旅游团的礼仪、住店服务礼仪、旅途讲解礼仪、生活服务礼仪和离站的服务礼仪的服务礼仪规范。

（2）康乐服务礼仪：酒吧服务礼仪、美容美发服务礼仪、桑拿浴服务礼仪、游泳池服务礼仪、保龄球馆服务礼仪、高尔夫球服务礼仪和健身房服务礼仪规范。

通过本项目的学习，掌握导游员服务礼仪与康乐服务礼仪的基本规范要求并能熟练地运用到实践工作中，从而更好地表达对服务对象的尊重，反映服务人员良好的基本素质和修养，展示旅游企业与康乐服务行业良好的人文文化。

【综合实训】

技能训练：设计规划一次小型旅游活动并实施。

1. 训练目的：使学生能够熟练运用旅游服务人员服务规范要求并运用到实际操作中，掌握旅游服务技巧。

2. 训练准备：车辆、人员安排、旅游个人用品等。

3. 训练步骤：

（1）设计旅游方案。

（2）学生着装整齐，按要求携带好用品后，按组分角色担任旅游服务人员与对象，由教师逐一进行检查评分并提出纠正。

（3）撰写方案执行总结。

附录 A 项目计划书（样式）

项目计划书

班级：_____   组别：_____   项目负责人：_____

项目名称：
_____

项目小组成员：
(1) _____　　　(2) _____　　　(3) _____
(4) _____　　　(5) _____　　　(6) _____
(7) _____　　　(8) _____　　　(9) _____
(10) _____　　(11) _____　　(12) _____

项目任务：
(1) _____
(2) _____
(3) _____
(4) _____

项目任务时间表与分工：

项目任务名称	项目小组序号及成员	完成时间
(1)		
(2)		
(3)		
(4)		

续表

小组分工明细表：

小组序号及组长	成　　员	具体工作
小组 1，组长＿＿＿＿＿	1.	
	2.	
	3.	
	4.	
小组 2，组长＿＿＿＿＿	1.	
	2.	
	3.	
	4.	
小组 3，组长＿＿＿＿＿	1.	
	2.	
	3.	
	4.	

教师签名：
＿＿＿＿＿＿＿＿＿＿＿＿＿＿＿＿＿＿＿＿＿＿＿＿＿＿＿＿＿＿＿＿＿＿＿＿＿＿
学生签名：
＿＿＿＿＿＿＿＿＿＿＿＿＿＿＿＿＿＿＿＿＿＿＿＿＿＿＿＿＿＿＿＿＿＿＿＿＿＿

＿＿＿＿年＿＿＿＿月＿＿＿＿日

附录 B 小组工作记录（样式）

小组工作记录

日期：_____ 班级：_____ 组别：_____

项目名称：_____

项目工作及完成情况：

（1）工作描述：_____
　　完成情况：_____
　　原因描述：_____
　　负责人与参与者：_____

（2）工作描述：_____
　　完成情况：_____
　　原因描述：_____
　　负责人与参与者：_____

（3）工作描述：_____
　　完成情况：_____
　　原因描述：_____
　　负责人与参与者：_____

（4）工作描述：_____
　　完成情况：_____
　　原因描述：_____
　　负责人与参与者：_____

对于没有按照计划进行的工作，我们的措施是：
_____

意外事件及处理
_____

项目负责人签名：_____
组员签名：_____

参 考 文 献

[1] 熊经浴. 现代使用社交礼仪. 北京：金盾出版社，2003.
[2] 陈萍. 最新礼仪规范. 北京：线装书局，2004.
[3] 詹晓娟，李萍. 社交技巧与礼仪. 北京：人民日报出版社，2000.
[4] 何伶俐. 高级商务礼仪指南. 北京：企业管理出版社，2003.
[5] 舒伯阳，刘名俭. 旅游实用礼貌礼仪. 天津：南开大学出版社，2004.
[6] 李祝舜. 旅游服务礼仪实训教程. 福州：福建人民出版社，2004.
[7] 丁立新. 国际商务礼仪实训. 北京：对外经济贸易大学出版社，2003.
[8] 吕维霞，刘彦波. 现代商务礼仪. 北京：对外经济贸易大学出版社，2004.
[9] 陆永庆，王春林，郑旭华，等. 旅游交际礼仪. 2 版. 大连：东北财经大学出版社，2005.
[10] 宋晓玲. 饭店服务常见案例 570 则. 北京：中国旅游出版社，2004.
[11] 李惠中. 跟我学礼仪. 北京：中国商业出版社，2002.
[12] 金正昆. 商务礼仪. 北京：北京大学出版社，2004.
[13] 陈锡畴. 饭店服务与管理专业综合实习. 北京：高等教育出版社，2002.
[14] 北京市教育委员会. 礼仪. 北京：同心出版社，2004.
[15] 金正昆. 服务礼仪教程. 2 版. 北京：中国人民大学出版社，2005.
[16] 金正昆. 服务礼仪. 北京：北京大学出版社，2005.
[17] 刘小清. 现代营销礼仪. 大连：东北财经大学出版社，2002.
[18] 杨文明. 高职项目教学理论与行动研究. 北京：科学出版社，2008.
[19] 麻美英. 现代服务礼仪. 杭州：浙江大学出版社，2005.
[20] 钟立群，王炎. 现代商务礼仪. 北京：北京大学出版社，2010.